CHRISTINA VON DREIEN

DER UNGEHORSAM DER LIEBE

CHRISTINA VON DREIEN

DER UNGEHORSAM DER LIEBE

WAS WIR POSITIVES AUS DER GEGENWÄRTIGEN
WELTSITUATION LERNEN KÖNNEN.

GOVINDA-VERLAG

Herausgegeben von Ronald Zürrer

Im Govinda-Verlag bislang erschienene «Christina»-Bücher:

- Christina, Band 1: Zwillinge als Licht geboren
- Christina, Band 2: Die Vision des Guten
- Christina, Band 3: Bewusstsein schafft Frieden
- Am Ende ist alles gut
- Der Ungehorsam der Liebe

Kontaktadresse des Verlages:
Govinda-Verlag, Postfach 152, 8032 Zürich, Schweiz

Website des Verlages: govinda.ch
Website der Autorin: christinavondreien.ch

Erste Auflage – April 2022

Zusammenstellung, Lektorat & Layout: Ronald Zürrer
Korrektorat: Nicola Good, Natascha Rüegg
Bilder: Anna-Nina Good | goodphotography.ch
Logo: Narada Demian Zürrer
Einbandgestaltung: Narada Demian Zürrer & Ronald Zürrer

Gesamtherstellung: Finidr
Printed in Czech Republic

ISBN 978-3-905831-87-0

FSC
www.fsc.org
MIX
Aus verantwortungs-
vollen Quellen
FSC® C014138

«Die Ausrichtung auf die Liebe lässt einen Menschen stets in einer Weise handeln, dass er weder sich selbst noch anderen Lebewesen Schaden zufügt, denn Liebe unterstützt und beschützt immer das Leben. Wenn von einem liebenden Menschen erwartet oder verlangt wird, dass er anderen schadet, so kann er nicht gehorchen. Diese Haltung könnte man als den ‹Ungehorsam der Liebe› bezeichnen.»

«Wann genau die Matrix der Illusion zusammenbrechen wird und was bis zu jenem Zeitpunkt noch alles geschehen wird, hängt von uns Menschen, von unserem kollektiven Bewusstsein ab. Es hängt davon ab, wie lange wir als Menschheit im System des Unlichts noch mitmachen oder wann wir damit beginnen, endlich das zu tun, was wir tatsächlich wollen.»

«Wir sollten lernen, die Schönheit wieder zu sehen. Denn alles Beseelte hat Schönheit. Dieses Wissen und den Blick dafür sollten wir bewahren, auch in den jetzigen Zeiten. Es liegt an uns, wie wir das Licht hierher auf die Erde bringen. Was wir dafür aber unbedingt brauchen, ist der Blick auf das Göttliche.»

– Christina von Dreien

Inhalt

Aufwachende Schlafwandler

Wir leben in seltsamen Zeiten, die scheinbar mit jedem Jahr immer noch seltsamer werden. Viele Menschen fragen sich: Wie konnte all das geschehen, was insbesondere in den vergangenen zwei Jahren hier auf der Erde und mit der Menschheit passiert ist? Warum gibt es überhaupt so viele unschöne Zustände in unserer Welt? Und wie soll das alles noch enden?

Diese Fragen zu beantworten ist der Sinn dieses kleinen Buches. Die Kurzform lautet: Aus meiner Sicht war und ist dies alles nur deshalb möglich, weil unsere aktuelle Gesellschaft noch zu weit von der Liebe entfernt ist. All das Seltsame, das sich hier gerade abspielt, kann nur deswegen überhaupt stattfinden, weil ein kollektiver Mangel an Liebe, an Mitgefühl und an Menschlichkeit besteht. Wären alle Menschen mit der Liebe verbunden und könnten alle Menschen in ihrem Herzen die Liebe tatsächlich fühlen, dann würde es die meisten dieser sonderbaren Dinge gar nicht geben.

Die positive Nachricht ist, dass genau dies längst dabei ist, sich zu ändern. Der Planet Erde befindet sich schon seit längerer Zeit in einem Aufstiegsprozess, den auch die gegenwärtigen seltsamen Zustände auf der Erdoberfläche nicht aufhalten werden. Somit bekommt auch jeder einzelne Mensch die Möglichkeit, aufzuwachen und sich diesem Aufstieg anzuschließen. Ob er diese Einladung annimmt oder nicht, ist jedem selbst überlassen. Diejenigen, die sich für das Aufwachen entschieden haben, sind bereits dabei, eine schönere, liebevollere und friedlichere Gesellschaft aufzubauen – trotz all der Seltsamkeiten, die gegenwärtig noch auf der Erdoberfläche stattfinden. Diese Menschen sind Lichtarbeiter, und sie sind hier, um auch in schwierigen Zeiten das Licht zu halten und dafür Sorge zu tragen, dass schon sehr bald alles viel besser, ja sogar, dass am Ende alles gut sein wird.

In meinem Weltbild basieren wir Menschen, wie alle göttlichen Wesen, auf Liebe. Von unserer inneren Natur her besitzen wir Empathie und Mitgefühl, wir sind hilfsbereit und verständnisvoll, und wir wünschen uns, dass es allen Wesen gut gehen möge. Dies wäre das normale Bewusstsein und das normale Verhalten eines Menschen. Im Unterschied dazu benehmen sich heutzutage noch viele Menschen ganz und gar nicht so. Sie zerstören die Natur, sie belügen sich gegenseitig, und sie bekämpfen und bekriegen sich untereinander. Bei alledem machen sie sich kaum je Gedanken darüber, was genau es bedeutet, so zu handeln und so zu sein. Sie scheinen die Verbindung zum Leben, zur Liebe und zur Menschlichkeit verloren zu haben. Unreflektiert tun sie einfach das, was man ihnen von Kindheit an beigebracht hat, sie machen es ihren Eltern oder anderen Leuten nach, weil sie glauben, wenn alle es täten, sei es wohl «normal». Nur selten denken sie darüber nach, ob es für sie selber überhaupt richtig und stimmig ist, so zu handeln und so zu sein. Man könnte sagen: Sie schlafen. Sie sind wandelnde Schläfer. Schlafwandler.

Diese schlafenden Menschen schrecken auch nicht vor den grausamsten Gewalttaten zurück, mit denen sie anderen direkt Schaden zufügen. Sie verletzen die Körper und die Psyche anderer Lebewesen, sie töten und essen Tiere, und sie führen brutale und sinnlose Kriege, in denen sie sich gegenseitig niedermetzeln. Falls sie überhaupt je ernsthaft über ihr Tun nachdenken und zumindest einen Hauch von Gewissen verspüren, verstecken sie sich hinter der Ausrede, es sei doch schon immer so gewesen und der Mensch sei nun mal einfach so. Ende der Diskussion. Dann legen sie sich selbstzufrieden wieder schlafen und machen weiter wie bisher.

Aus meiner Sicht entspricht dieses pessimistische Menschenbild nicht der Wahrheit. Aus meiner Sicht ist die Wahrheit viel positiver – und für manche vielleicht auch etwas überraschend. So geht es in diesem Buch unter anderem um die folgenden Themen:

- Der Mensch ist von Natur aus ein gütiges und liebevolles Wesen.
- Gewalt und Kriege, Manipulation und Unterdrückung, Lüge und Täuschung gehören natürlicherweise nicht zu den Eigenschaften des Menschen. Diese Dinge kamen erst durch den Einfluss fremder unlichter Wesen auf die Erde, und die Menschen haben sie im Laufe der Zeit übernommen – so sehr, dass sich die meisten gar nicht mehr daran erinnern, dass ein solches Verhalten nichts mit ihrer wahren Natur zu tun hat.
- Die Geschichte der Erdenmenschheit war und ist ganz anders, als unsere Schulweisheit sie lehrt.
- Wir sind nicht allein im Universum, sondern umgeben von einer Vielzahl von außerirdischen Zivilisationen – sowohl von lichtvollen als auch von unlichten.
- Es bestehen seit Jahrtausenden Verbindungen zwischen den Menschen und Außerirdischen.
- Die heute vorherrschenden politischen, wirtschaftlichen, wissenschaftlichen und religiösen Systeme stehen kurz vor ihrem vollständigen Kollaps, der von niemandem mehr aufgehalten werden kann.
- Die Welt wird nicht untergehen, denn nach dem Zusammenbruch der herrschenden unlichten Systeme wird die Menschheit eine neue Gesellschaft des Friedens, der Freiheit und des gegenseitigen Respekts errichten.
- Jeder Mensch, der an der neuen Gesellschaft der Zukunft mitbauen möchte, ist herzlich eingeladen, seinen Beitrag mit einzubringen. Die einzige Voraussetzung dafür ist, jetzt aufzuwachen und konstruktiv mit den positiven Lichtkräften zusammenzuarbeiten.

Wie kann ich mir so sicher sein, dass all dies zutrifft und geschehen wird? – Weil ich es nicht vergessen habe. Weil ich es gesehen habe. Weil Millionen von ehemaligen Schlafwandlern weltweit gerade dabei sind, aufzuwachen. Und weil man die Liebe höchstens verzögern, aber niemals aufhalten kann.

– Christina von Dreien,
im März 2022

1

Der Ungehorsam der Liebe

Zwei Jahre lang
Angst und Verwirrung sind genug

Wenn Schlafwandler aufwachen, werden unglaubliche Dinge möglich. Wenn erwachte Menschen beginnen, ernsthaft über ihr Weltbild und ihr Verhalten nachzudenken, können sich Dinge sehr schnell zum Positiven verändern. Gerade noch sahen sie aus wie leere Körperhüllen, beinahe wie ferngesteuerte Roboter, die nur Dinge sagen und Dinge tun, die andere ihnen vorgesagt und einprogrammiert haben. Gerade noch waren ihr Denken und ihr Handeln von Angst und Verwirrung bestimmt. Und plötzlich werden sie sich ihrer selbst immer mehr bewusst und fangen an, eigenständig zu denken und selbstverantwortlich zu handeln.

Wünschen wir uns, dass dies überall auf der Welt geschieht? Dann fangen wir doch am besten bei uns selbst an, bei unseren Absichten und bei unseren Handlungen – vor allem aber bei unserer eigenen Bewusstseinsausrichtung. Natürlich ist es wichtig, dass wir aktiv sind, dass wir handeln und etwas tun, aber *was* wir tun und *wie* wir etwas tun und *wann* wir etwas tun – all dies hängt zuallererst von unserem Bewusstsein ab und davon, ob es mit unserem Herzen verbunden ist oder nicht. Wenn wir nicht mit unserem Herzen und mit der Liebe verbunden sind, dann denken und fühlen und handeln wir völlig anders als wenn unsere Herzensverbindung noch besteht.

In den vergangenen zwei Jahren hat man sich in allen Ländern überall auf der Welt dieselbe seltsame Geschichte erzählt, und daraus wurden überall dieselben seltsamen Maßnahmen abgeleitet, unter denen so viele Menschen gelitten haben und noch immer leiden. Sie führten dazu, dass ein Großteil der Erdbevölkerung noch mehr als zuvor in Angst und Verwirrung fiel und nicht mehr klar zu denken vermochte. Angst macht uns innerlich eng, und wenn unser Bewusstsein eng ist, fällt es uns schwer, unsere Aufmerksamkeit auf das Gute und Konstruktive auszurichten; es fällt uns schwer, unsere Intuition zu spüren. All dies geschieht nur dann, wenn wir uns von unserem Herzen entfernt haben. Wären wir alle mit unserem Herzen verbunden und in der Liebe verankert, hätte es gar nicht passieren können, dass die Weltbevölkerung in einen solch verwirrten, verängstigten Zustand geraten ist.

Daher ist es wichtig, dass wir uns zuerst wieder aus dieser Enge der Angst befreien. Es mag dann zwar im Äußeren immer noch gewisse Probleme und Herausforderungen geben, doch mit Hilfe unseres Zugangs zur Intuition wird es uns viel leichter fallen, für unser eigenes Leben Lösungen für diese Probleme zu finden. Egal, was gerade los ist draußen in der Welt oder in unserem Leben – Angst ist niemals eine gute Lösung. Denn Angst blockiert sowohl den Zugang zu unserer Intuition als auch unsere Kommunikation mit unserer inneren Führung.

Sobald wir uns aber von der Angst befreit haben und sobald wir erkannt haben, dass in unserer Gesellschaft etwas Grundlegendes nicht in Ordnung ist, können wir beginnen, uns gemeinsam Gedanken darüber zu machen, was geändert werden muss, damit sie wieder in Ordnung gebracht werden kann. Jede Änderung muss allerdings bei uns selbst anfangen, bei jedem Einzelnen von uns, denn die Gesellschaft besteht ja aus lauter einzelnen Menschen. Das Kollektiv ändert sich nur dann, wenn die einzelnen Menschen sich ändern. Das heißt: Die Veränderungen, die wir in der Welt gerne sehen möchten, müssen immer bei uns selbst beginnen, und sie müssen immer damit beginnen, dass wir unseren Mangel an Liebe wieder auffüllen.

In unserer ursprünglichen spirituellen Heimat befinden wir uns alle vollständig in der Liebe. Die Liebe ist dort der

Normalzustand, und deshalb könnten dort Bewusstseinszustände wie Verunsicherung, Verwirrtheit oder Angst gar nicht aufkommen. Alle Wesen leben dort in einem verbindenden Bewusstsein der Liebe und des gegenseitigen Respekts.

Ganz anders ist es derzeit auf der Erde. Hier existiert solch eine Vielzahl verschiedenster Wesen mit den unterschiedlichsten Bewusstseinsausrichtungen auf demselben Planeten, dass das Zusammenleben etwas kompliziert geworden ist. Insbesondere sind hier auch Wesen inkarniert, deren Bewusstsein vollständig von der Liebe abgekoppelt ist. Diese Wesen neigen dazu, Dinge zu verdrehen, ihre eigenen Werte aufzustellen und andere nach ihrem Willen zu manipulieren und zu unterdrücken. Sie treffen hier auf Wesen, die noch mit der Liebe verbunden sind und die sich ein völlig anderes Verhalten und einen völlig anderen Umgang untereinander gewöhnt sind. Daher kann es manchmal vorkommen, dass liebevolle Menschen in einer Art und Weise handeln, die für andere nicht nachvollziehbar ist, oder dass sie Dinge tun, die aus der Sicht anderer nicht erlaubt sind. Die Ausrichtung auf die Liebe lässt einen Menschen stets in einer Weise handeln, dass er weder sich selbst noch anderen Lebewesen Schaden zufügt, denn Liebe unterstützt und beschützt immer das Leben. Wenn von einem liebenden Menschen erwartet oder verlangt wird, dass er anderen schadet, so kann er nicht gehorchen. Diese Haltung könnte man als den «Ungehorsam der Liebe» bezeichnen, und aus meiner Sicht ist es der in dieser Zeitphase notwendige nächste Schritt in der Entwicklung der Menschheit.

Gegenwärtig wird überall auf der Welt ganz vieles getan, das anderen Lebewesen Schaden zufügt und sie leiden lässt. Manche halten dieses zerstörerische Tun sogar für normal, und wenn man etwas für normal hält, hinterfragt man es auch nicht. Man denkt: So ist es eben nun mal.

Zum Beispiel Kriege: Kriege zu führen ist in meinem Empfinden alles andere als normal und hat mit einem natürlichen menschlichen Verhalten, so wie es ursprünglich einmal vorgesehen war, nichts zu tun. Manche denken aufgrund ihrer eigenen Erfahrung in ihrer jetzigen Inkarnation und aufgrund der Lebenserfahrungen ihrer Vorfahren, dass es schon immer Kriege gegeben habe und dass Menschen nun mal einfach so seien. Aber aus meiner Perspektive ist das nicht wahr. Für mich sind alle Menschen in ihrem innersten Kern reine Liebe, da jede Seele auf Liebe basiert. Doch wenn Seelen sich in diesem Zeitalter hierher auf die Erde inkarnieren, dann schimmert bei ihnen oft nur noch ein kleiner Teil dieser ursprünglichen Liebe durch – bei den einen etwas mehr und bei den anderen etwas weniger, je nachdem, wie viele Schichten die jeweilige Seele umhüllen.

Falls wir diese ursprüngliche Liebe nicht mehr fühlen, die wir in unserem Kern alle sind, falls wir meinen, wir hätten keinen Zugang zur Liebe mehr, so bedeutet dies nicht, dass wir die Liebe verloren hätten oder dass wir aufgehört hätten, Liebe zu sein. Dieses Gefühl hat lediglich mit den unterschiedlichen Schichten und Begrenzungen zu tun, von denen wir umhüllt werden, wenn wir uns hier auf der Erde inkarnieren. Mit dem Begriff «Schichten» meine ich die zahlreichen Muster, Weltbilder, Vorstellungen und Glaubenssätze, die wir uns in diesem oder in früheren Leben angelernt oder die wir von anderen übernommen haben. Sie stecken zum Teil auch in unseren Genen, stammen also von unseren Ahnen. Wir denken, diese Vorstellungen seien die Wahrheit, und so identifizieren wir uns fälschlicherweise mit ihnen. Doch unabhängig von der Dichte ihrer verschiedenen Schichten und von ihren jeweiligen Identifikationen und Verwirrungen sind alle Menschen – und allgemein alle Wesen – in ihrem Kern reine Liebe. Diese Liebe kann niemals verloren gehen. Das ist eine sehr gute Nachricht.

Im ursprünglichen Schöpfungsplan waren die Erdenmenschen als mitfühlende, liebevolle Wesen vorgesehen, und sie waren dies tatsächlich auch über eine lange, lange Zeit hinweg. Damals, vor vielen Tausenden von Jahren, lebten menschliche Zivilisationen auf der Erde, die sowohl technologisch als auch in Bezug auf ihr kollektives Bewusstsein deutlich weiter entwickelt waren als die heutige Menschheit. Die damaligen

Menschen besaßen Körper, die feinstofflicher waren als unsere heutigen, und sie befanden sich noch nicht unter dem Einfluss des Vergessens, das unsere heutigen Gesellschaften prägt. Sie waren sich darüber bewusst, dass sie in Wahrheit multidimensionale göttliche Wesen sind, und sie lebten in Frieden und in Harmonie mit der Erde und mit der Natur. Man könnte sagen, dass es damals hier auf der Erde tatsächlich so etwas wie paradiesische Zustände gab.

Zwar hat niemand von uns in der jetzigen Inkarnation so etwas je erlebt oder ein solches Paradies je gesehen, aber dennoch tragen fast alle Menschen den Wunsch nach einer heilen und freien Welt, nach einem friedlichen und paradiesischen Zusammenleben in sich. Wir können uns ja nur etwas wünschen, das wir von irgendwoher kennen. Da wir also das Paradies aus dieser Inkarnation nicht kennen, muss dieser Wunsch offensichtlich von irgendwann früher herstammen. In den Zellen unseres Körpers und in unserem Unterbewusstsein tragen wir die Information, dass ein friedliches und liebevolles Zusammenleben möglich ist und dass es in einer fernen Vergangenheit sogar schon einmal hier auf der Erde existierte. Nicht alle verschwundenen Kulturen der Vorzeit lebten ausschließlich in einer friedlichen, heilen und freien Welt, doch es gab etliche solcher Kulturen auf der Erde. Daher verspüren wir eine innere Sehnsucht nach diesem verlorenen Paradies.

Die Behauptung, es habe schon immer Kriege gegeben und die Menschen seien nun mal einfach so, ist nichts anderes als eine Lüge. Diese falsche Vorstellung trennt uns von dem, was wir in unseren Zellen und in unserem Herzen eigentlich wissen: dass Frieden möglich ist, ja sogar dass er unser Geburtsrecht als Mensch ist. Und gerade weil wir Menschen gemäß unserem ursprünglichen Schöpfungsplan friedliche, liebevolle und verzeihende Wesen sind, wird es auch wieder so sein, sobald das aktuell noch herrschende System des Unfriedens zerfallen sein wird.

Aufwachen und Vernetzen

Wie zuvor gesagt, lebt derzeit hier auf der Erde eine Vielzahl unterschiedlichster Menschen mit den unterschiedlichsten Formen von Bewusstsein. Darunter gibt es solche, die noch fest schlafen, solche, die bereits ein wenig aufgewacht sind, und solche, die schon etwas mehr aufgewacht sind. Allerdings ist das mit dem Prozess des Aufwachens so eine Sache. Im Grunde genommen weiß keiner von uns zu sagen, wie wach oder wie wenig wach er schon ist. Denn: Man weiß ja nicht, was man nicht weiß. Wenn also die Realität aus verschiedenen Dimensionen und Wahrnehmungsebenen besteht – wovon ich ausgehe – und wenn wir in unserem Tagesbewusstsein nur das wissen können, was wir eben schon wissen, dann kann niemand von uns sagen, welche Ebenen der multidimensionalen Realität er noch *nicht* wahrnimmt. Daher kann auch niemand genau sagen, wie wach oder wie wenig wach er selbst schon ist. Mit anderen Worten: Nicht jeder, der sich für vollständig aufgewacht hält, ist es auch. Gerade bei diesem Thema gibt es eine Menge Potenzial zur Selbsttäuschung. Es kann vorkommen, dass man drei unterschiedliche Menschen vor sich hat, von denen jeder sich auf einem völlig anderen Bewusstseinslevel befindet, von denen aber jeder überzeugt davon ist, er sei bereits erwacht. «Wach» ist eben nicht gleich «wach».

Dennoch ist es offensichtlich, dass es unter den heutigen Menschen welche gibt, die noch komplett am Schlafen sind, und andere, die in der einen oder anderen Hinsicht bereits ein Stück weit aufgewacht sind. Somit liegt die Verantwortung, die gegenwärtigen Zustände zu etwas Positivem hin zu verändern, logischerweise in erster Linie bei denjenigen, die schon wacher sind. Sie können Zusammenhänge anders wahrnehmen und sind daher in der Lage, Dinge anders zu betrachten und anders zu gestalten. Sie können andere Gedanken denken und andere Gefühle fühlen, und sie können auch auf der physischen Ebene andere Handlungen ausführen. Diejenigen Menschen, die noch schlafen, sind dazu nicht in der Lage, weil sie gar nicht auf diese Idee kommen, weil in ihrem Tagesbewusstsein beispielsweise noch die Erkenntnis fehlt, dass es möglich ist, eine friedliche und liebevolle Welt zu erschaffen. Dazu kommt das Problem, dass sie im Grunde genommen nicht wirklich selbständig denken. Wenn etwas in der Zeitung steht, wenn etwas im Fernsehen oder im Radio gesagt wird oder wenn etwas in einem Schulbuch geschrieben steht, dann gehen sie davon aus, dass es die Wahrheit sei. Sie sehen keinen Anlass, es ernsthaft zu hinterfragen.

Ich hingegen würde hier ein großes Fragezeichen setzen. Aus meiner Sicht ist das gesamte System, in dem wir gegenwärtig leben, auf einigen fundamentalen Lügen aufgebaut. Wenn wir dieses System umwandeln möchten und die Wahrheit wieder erfahren und leben möchten, dann liegt es an uns, diesen Wandel einzuleiten. Es beginnt damit, dass wir wieder eigenständiger denken und sowohl uns selbst als auch die Geschehnisse um uns herum kritisch hinterfragen, und es setzt sich fort, indem wir unser eigenes, individuelles Verhalten ändern und dadurch eine kollektive Veränderung in Gang bringen.

Sobald wir eigenständig denken, gehen wir nicht mehr einfach brav die Wege, die uns vorgegeben werden, sondern wir fragen uns: Stimmt das für mich wirklich? Will ich das wirklich? Oder mache ich das bloß, weil ich denke, ich müsse es machen, oder weil irgendjemand es mir befiehlt?

Kurzum: Wenn wir in Zukunft in einer schöneren und heileren Welt leben wollen, wenn wir ein Stückchen näher an das Paradies herankommen wollen, nach dem wir alle uns sehnen, dann müssen wir es selber anpacken. Wir können es nicht von jenen erwarten, die noch am Schlafen sind.

Ein essenzieller Schritt dabei besteht darin, dass wir uns vernetzen mit Menschen, die ebenso denken wie wir und die sich ebenfalls für das Positive, Liebevolle und Lichtvolle einsetzen möchten. *Dieses Vernetzen der Lichtkräfte wird der Schlüssel für den globalen Wandel sein.* Von jenen, die noch in Verunsicherung, Verwirrung und Angst sind, sollten wir nicht erwarten, dass sie sich schon jetzt bewusst für das Licht entscheiden. Natürlich können wir mit ihnen sprechen und ihnen zu erklären versuchen, wie wir die Dinge sehen, aber es kann sein, dass manche dafür in ihrem Bewusstsein einfach noch nicht offen sind und noch keinen Zugang zu dieser Sichtweise haben. Langes Diskutieren hat meiner Ansicht nach hier wenig Sinn, denn wenn jemand nicht offen ist, ist er es eben nicht, und das sollten wir dann auch respektieren.

Wenn wir uns aber in positiver Weise mit gleichgesinnten Menschen vernetzen, die bereits offen sind, spendet uns dies Kraft und Zuversicht, weil wir erkennen: Ich bin nicht alleine; überall auf der Welt gibt es schon ganz viele Lichtpunkte, und daher wird am Ende auch alles gut sein. Es steht bereits unwiderruflich fest, dass diese verrückte Geschichte, in der wir weltweit gerade stecken, gut enden wird. Sie wird deshalb gut ausgehen, weil es mittlerweile so viele erwachende und erwachte Menschen gibt, die nicht mehr mitzuspielen bereit sind, die aktiv das Licht hier auf der Erde verankern, die bewusst das Gute und Positive wollen und die auch bereit sind, alles zu tun, was sie persönlich in ihrer gegenwärtigen Situation beitragen können.

Nach meiner Einschätzung wäre die Anzahl der Menschen, die bereits aufgewacht sind, theoretisch mittlerweile ausreichend groß, damit sich die Zustände auf der Erde grundlegend verbessern könnten. Das Problem besteht derzeit jedoch darin, dass wir noch nicht alle in die gleiche Richtung ziehen, dass wir noch keine Einheit, sondern untereinander gespalten sind. Auch unter den Menschen, die sich als erwacht bezeichnen würden, kommt es nach wie vor immer wieder zu Uneinigkeiten, Streitigkeiten und Konkurrenzkämpfen, und diese Konflikte bewirken, dass sie ihre Energien nicht in die gleiche Richtung bündeln. Da niemand von uns die vollständige absolute Wahrheit kennt, gibt es logischerweise immer wieder unterschiedliche Ansichten und entsprechende Meinungsverschiedenheiten in diesem oder jenem Punkt. Zum Beispiel gibt es Leute, die der Meinung sind, die Erde sei eine runde Kugel, während andere die Meinung vertreten, die Erde sei eine flache Scheibe oder ein Würfel oder sonst irgend etwas.

Aber ganz ehrlich: Es stehen im Moment wirklich wichtigere Dinge an als der Streit über solche Fragen. Es geht darum, dass wir einem globalen System des Destruktiven gemeinsam etwas Konstruktives und Positives entgegenstellen. Es geht darum zu lernen, in Frieden und Eintracht miteinander zu leben, respektvoll miteinander umzugehen und gemeinsam etwas Neues aufzubauen. Stattdessen kommen wir miteinander nicht klar, weil wir in irgendwelchen nebensächlichen Fragen nicht die gleichen Ansichten haben. Das ist bedauerlich, und wir sollten versuchen, es schleunigst zu ändern. Selbstverständlich braucht es für eine großangelegte gemeinsame Bemühung mit anderen Menschen gewisse grundlegende Übereinstimmungen. Das Weltbild etwa sollte kompatibel sein oder das zentrale Augenmerk auf die Liebe und den Frieden. Aber ansonsten reicht es doch aus, wenn die Standpunkte und die Bewusstseinsausrichtung zumindest ähnlich sind. Es muss ja nicht immer alles genau dasselbe sein.

Solange die vielen Menschen, die weltweit schon ein Stück weit aufgewacht sind, untereinander zerstritten und gespalten bleiben und keine Einheit bilden, haben sie nicht ausreichend Kraft, um wirklich Großes zu bewegen. Von der Anzahl her mögen wir mittlerweile genügend sein, aber noch nicht von der Geschlossenheit her. Das Problem ist nicht mehr, dass wir zu wenige sind, sondern dass wir uneins sind. Diese Spaltung unter den Lichtarbeitern ist vom herrschenden System durchaus gewollt und wird auch fleißig geschürt. Aber wir können uns auch dafür entscheiden, uns nicht spalten zu lassen und stattdessen unsere Bewusstseinsenergie entschlossen auf das gemeinsame Ziel auszurichten.

Auch wenn es im Moment nicht so ist, dass alle Lichtarbeiter global in die gleiche Richtung ziehen, können wir trotzdem auf der individuellen Ebene viele Dinge verändern. Nur schon, wenn wir in unserem eigenen Lebensumfeld eine kleine Insel des Lichts erschaffen und dort standhaft das Licht halten, ist das schon ein wertvoller Beitrag.

Für den bevorstehenden globalen Wandel hin zum Guten braucht es in erster Linie uns, die Erdenmenschen. Wir bekommen zwar konstant Hilfe und Unterstützung aus der geistigen Welt – von unserem eigenen geistigen Team, von höherdimensionalen Lichtwesen und von positiven Außerirdischen –, aber schließlich sind es ja wir Menschen, die physisch hier auf der Erde leben und die somit die Hauptverantwortung für das irdische Geschehen tragen. Die unterstützenden Lichtkräfte leben größtenteils nicht physisch hier auf der Erdoberfläche, daher ist es wichtig, dass wir als Menschheit unseren Teil beitragen, da gewisse Dinge nur inkarnierte Menschen tun können.

Jede einzelne Seele, die sich in dieser Zeit hier auf der Erde als Mensch inkarniert hat, ist ein Bestandteil des übergeordneten göttlichen Plans. Die aktuellen Machthaber sind jedoch der Meinung, dass sie weiterhin ihren eigenen Plan durchziehen können, und sie glauben fest daran, dass sie damit erfolgreich sein werden. Doch am Ende wird ihr Plan nicht aufgehen. Warum nicht? – Weil wir alle in unserem innersten Kern Liebe sind und weil man Liebe nicht aufhalten kann. Man kann versuchen, die Liebe zu verzögern oder sie irgendwie auszubremsen, aber man kann sie nicht auslöschen. Von unserem ursprünglichen Wesenskern her basieren wir alle auf Liebe, und egal wie lange man versucht, diesen Kern zu unterdrücken – irgendwann wird er erwachen. Das passiert immer früher oder später, und die Frage ist bloß, wann es passieren wird.

Es ist also nur eine Frage der Zeit, bis jede Seele aufwachen wird. Manche werden noch in ihrer jetzigen Inkarnation aufwachen, andere vielleicht erst ein paar Inkarnationen später. Aber irgendwann wacht jeder auf, denn jeder Mensch, jede Seele ist Liebe, und früher oder später kommt diese Liebe zum Vorschein. Aufzuwachen bedeutet nämlich nichts anderes, als dass wir aus dem Vergessen hinauskommen und uns wieder daran erinnern, wer wir in Wahrheit sind. Durch unser Aufwachen werden wir wieder bewusst zu dem, was wir immer schon waren und was wir immer sein werden: Liebeswesen.

Die Krise als Weckruf,
oder: In allem gibt es etwas Gutes zu entdecken

Auch wenn die gegenwärtige Weltsituation für viele Menschen äußerst mühsam und leidvoll ist, gibt es doch auch hier – wie in allem – etwas Positives. In den vergangenen zwei Jahren sind zwar weltweit viele seltsame Dinge geschehen, und auch jetzt geschehen wieder allerlei seltsame Dinge, aber ich weiß, dass gerade dadurch auch viele Menschen allmählich aufgewacht sind. Sie haben erkannt, dass in unserem System etwas Grundlegendes nicht stimmt. Ihr Leben hat sich durch die Krise und die Erschütterungen zwar in vielerlei Hinsicht verschlimmert, doch war dies alles für viele von ihnen auch eine Art Weckruf.

Die systematische Unterdrückung, die man in den vergangenen Jahren so deutlich gesehen hat, existierte schon lange Zeit vorher, nur haben die meisten Menschen sie nicht bemerkt, da sie dachten, so sei es eben nun mal. Weil die Manipulationen und Einschränkungen zuvor nicht ganz so offensichtlich waren, hielten sie sie für normal. Einige sind nach wie vor der Ansicht, sie hätten zuvor in Freiheit gelebt und hätten diese Freiheit erst in den letzten beiden Jahren verloren. Sie hoffen, sie würden ihre frühere Freiheit wieder zurückbekommen, sobald die einschränkenden Maßnahmen wieder aufgehoben würden und die Gesellschaft endlich wieder «zurück in die Normalität» finden würde.

Aus meiner Perspektive betrachtet ist die Erdbevölkerung schon eine lange, lange Zeit nicht mehr wirklich frei, sondern lebt seit Jahrtausenden in einem künstlichen System der Unterdrückung. In den vergangenen Jahren kam diese Tatsache zum Vorschein und wurde für alle unübersehbar. Dadurch war es vielen Menschen möglich, aus der Illusion des vermeintlichen Freiseins aufzuwachen. *Dieses Aufwachen aus einer Illusion ist etwas Gutes. Es ist einer der positiven Aspekte dieser ganzen Geschichte.*

Es gibt in allem etwas Gutes. Man kann dieses Gute aber nur dann erkennen, wenn man dazu bereit ist, es zu sehen, das heißt, wenn man daran glaubt, dass es tatsächlich in allem etwas Gutes gibt – selbst wenn man im Einzelfall vielleicht nicht genau weiß, wie es aussieht. Damit wir etwas sehen können, müssen wir es zunächst einmal sehen wollen. Und umgekehrt: Wenn wir etwas nicht sehen wollen, wenn wir an etwas nicht glauben wollen, verschließen wir unser Bewusstsein und machen es dadurch unmöglich, dass wir es sehen können. Wir legen sozusagen einen Filter über unser Bewusstsein, der das eigentlich Sichtbare für unser Tagesbewusstsein unsichtbar macht. Dieses Nichtsehenwollen, dieses Nichtwahrhabenwollen eines Zustandes kann auch unbewusst sein. Ob es nun bewusst oder unbewusst ist, die Wirkung ist die gleiche: Wir erkennen es nicht. Es ist also bloß der Filter des Nichtglaubenwollens, dass es in allem etwas Positives gibt, welcher verhindert, dass wir das Positive erkennen können.

Erfreulicherweise lassen sich solche Bewusstseinsfilter ändern. Sobald wir anerkennen, dass wir diesen oder jenen Filter, diese oder jene Blockade in unserem Bewusstsein haben, können wir damit beginnen, sie aufzulösen und durch andere, bessere Überzeugungen zu ersetzen. Wir können entscheiden, ab sofort daran zu glauben, dass es in jeder Situation etwas Gutes zu entdecken gibt. Solange wir dieses Gute tatsächlich sehen *wollen,* werden wir es irgendwann auch sehen – selbst wenn es erst später im Nachhinein ist. Während man in einer bestimmten Situation drin steckt, mag man das Gute vielleicht nicht klar erkennen können, aber später irgendwann wird man im Rückblick herausfinden, warum diese oder jene Erfahrung gut war.

Egal, in welchem Bewusstsein ein Mensch hier auf der Erde gerade lebt, ob er nun bewusst das Gute erkennen will oder nicht – er wird trotzdem geliebt. Wir alle werden immer geliebt. Die Tatsache, dass es im Universum diese bedingungslose Liebe gibt, und die Tatsache, dass jeder Mensch ursprünglich auf dieser Liebe basiert – sie sind der eigentliche Grund dafür, warum in allem etwas Gutes zu finden ist. Denn die Liebe liebt uns alle, und deshalb sorgt sie dafür, dass wir in jeder noch so unangenehmen Situation, die wir durchmachen, immer etwas Positives finden können. Die Liebe sorgt dafür, dass wir aus jeder noch so unangenehmen Erfahrung immer etwas Positives ziehen können. *Wir alle werden geliebt, und dank dieser Liebe gibt es überall etwas Gutes.* Das ist die beste Nachricht von allen. Solange wir dies sehen wollen, werden wir es irgendwann auch sehen. Oft verstehen wir die größeren Zusammenhänge jedoch erst im Nachhinein, da wir Menschen in unserem irdischen Bewusstsein irgendwie seltsam und auch ein wenig beschränkt sind.

Jetzt den Impuls der Veränderung setzen

Wir alle werden irgendwie seltsam und ein wenig beschränkt, sobald wir uns als Mensch hier inkarnieren. Dies liegt zum einen daran, dass wir gewisse eigene Beschränkungen von früher in unser jetziges Leben mitgebracht haben, und zum anderen daran, dass wir gewisse Muster und Prägungen von unseren Vorfahren übernommen haben. Sobald wir uns in einen physischen Körper hinein inkarnieren, erben wir dadurch auch die Glaubenssätze und Ansichten und Belastungen, die von unseren Ahnen in den Zellen gespeichert sind und die uns – wenn auch unbewusst – beeinflussen. Alle diese vielen Einflüsse haben eine Wirkung auf uns, und so werden wir alle ein wenig komisch, wenn wir uns als Mensch inkarnieren.

Die gute Nachricht ist, dass wir unser Bewusstsein verändern können. Sobald wir erkennen, dass gewisse Dinge uns blockieren, können wir beginnen, sie zu ändern. Und dadurch, dass wir bei uns etwas zum Positiven verändern, geben wir diese Information sowohl ins kollektive Bewusstseinsfeld der ganzen Menschheit als auch in unsere eigene Familienlinie. Wir tragen dann diese Information der positiven Veränderung in unserem Energiefeld, und andere Menschen, die selber noch nicht auf die Idee gekommen sind, können den Impuls unbewusst oder bewusst wahrnehmen und dann ihrerseits

Veränderungen in ihrem Leben in Gang setzen – sofern sie es wollen. Natürlich steht es ihnen auch frei, ihre ganze Inkarnation lang so zu leben, als gäbe es dies alles gar nicht. Aber unser energetischer Impuls erleichtert ihnen zumindest die Möglichkeit zur Veränderung.

Des Langen und Breiten mit Menschen zu diskutieren, bei denen wir feststellen, dass sie noch schlafen, dass sie sich gar nicht ändern wollen und dass sie ohnehin denken, wir seien verrückt, weil wir eine andere Sichtweise haben, hat meiner Erfahrung nach wie gesagt wenig Sinn. Sie sind eben im Moment noch nicht offen. Trotzdem ist es nicht umsonst, ihnen unsere Sichtweise zumindest anzubieten. Selbst wenn sie das, was wir sagen, im Moment noch nicht verstehen oder noch nicht annehmen können, besteht ja doch die Aussicht, dass sie später in ihrer Inkarnation aufwachen und sich dann vielleicht an unsere Worte erinnern werden. Und selbst wenn auch das nicht passiert und sie ihre gesamte Inkarnation lang durchschlafen, ist es nicht vergebens.

Wenn Menschen sterben und die Seele den Körper verlässt, wird ihr Bewusstsein in der Regel ein bisschen klarer, und sie erinnern sich daran, dass sie schon viele frühere Leben gehabt haben. Sie bekommen die Gelegenheit, auf ihre Leben zurückzuschauen, und in dieser Lebensrückschau sehen sie auch den Moment, in dem wir ihnen von unserer positiven Sichtweise und von dem Angebot des Aufwachens erzählt haben. Es kann gut sein, dass sie dann bemerken: «Oh, der hat ja recht gehabt, das ist ja wirklich so.» In diesem Zwischenzustand nach Beendigung einer Inkarnation bekommt eine Seele also die Chance, zur Einsicht zu gelangen und zu entscheiden, ob sie diese Informationen in ihre nächste Inkarnation mitnehmen möchte. Auf diese Weise wird es ihr in der kommenden Inkarnation leichter fallen aufzuwachen. Sie ist natürlich nicht verpflichtet, den Impuls in ihr nächstes Leben mitzunehmen, aber sie kann es tun, wenn sie es will. Es kommt halt darauf an, wie sich eine Seele mit ihrem freien Willen entscheidet.

Ungeachtet dessen ist es eine Tatsache, dass jede unserer Entscheidungen und jede unserer Handlungen eine Auswirkung sowohl auf die Gegenwart als auch auf die Zukunft hat – in erster Linie natürlich für unser persönliches Leben, aber teilweise auch für unser Umfeld und sogar für das kollektive Feld der Menschen. Das ist wahrscheinlich noch gut zu wissen.

Merkmale des Aufwachens

Üblicherweise nehmen wir Erdenmenschen in erster Linie die Gegenwart wahr, obschon es theoretisch für uns möglich ist, nebst der Gegenwart auch die Vergangenheit zu sehen oder die Zukunft oder beides zusammen. Doch das ist im Moment noch eher selten. Die meisten Menschen sind nur in der Lage, die Gegenwart bewusst wahrzunehmen. Es gibt aber Wesen, die in anderen Dimensionen leben und die die Zeit ganz anders wahrnehmen als wir hier in der dritten Dimension. Für sie ist es etwas völlig Normales, mehrere Zeitebenen gleichzeitig zu sehen. Dass wir das in der Regel nicht können, hängt mit unserem momentanen Bewusstsein, mit unserer momentanen Schwingungsfrequenz zusammen. Diejenigen höherschwingenden Wesen, die ein Stück weit in die Zukunft blicken können, kennen sowohl den Ablauf als auch die Merkmale des Aufwachprozesses, welcher der Erdenmenschheit nun unmittelbar bevorsteht. Sie wissen, dass am Anfang dieses Prozesses das Bewusstwerden steht, wer wir in Wahrheit sind.

Je bewusster wir über uns selbst werden und je höher dadurch unsere individuelle Schwingung wird, desto rascher wachen wir auf. Und je mehr wir aufwachen, desto mehr erkennen wir zum einen, wer wir in Wahrheit sind, nämlich multidimensionale Lichtwesen, die momentan als Erdenmenschen inkarniert sind, um an einem abenteuerlichen Spiel des Vergessens teilzunehmen. Zum zweiten erkennen wir, welches in diesem Menschenleben unsere ganz individuellen Aufgaben sind, die zu erfüllen wir hierher gekommen sind. Und zum dritten erkennen und durchschauen wir immer mehr, was derzeit gerade los ist auf der Erde, nämlich ein energetisches Kräftemessen zwischen dem Licht und dem Unlicht, bei dem das Unlicht* bereits verloren hat, dies aber noch nicht vollständig anerkennen will. Diese drei Erkenntnisse sind Merkmale des Aufwachens.

Je mehr wir unsere wahre Natur als Lichtwesen erkennen, je mehr wir unsere Lebensaufgaben erfüllen und je mehr wir das Spiel zwischen Licht und Unlicht durchschauen, desto klarer können wir entscheiden, was wir wirklich wollen und was wir nicht wollen, was wir mit unserer Energie unterstützen wollen und was wir nicht unterstützen wollen. Es ist wichtig, bewusst diese Entscheidungen zu treffen, denn alles was wir tun, ja überhaupt alles was geschieht, beginnt mit einer Entscheidung. Wir alle haben das Recht zu sagen, was wir nicht – oder nicht mehr – wollen, und wir haben das Recht, Dinge nicht zu unterstützen, die wir für uns als nicht gut empfinden. Genauso haben wir das Recht zu sagen, was wir stattdessen wollen. Wenn wir nicht eigenverantwortlich für uns selbst entscheiden, was wir wollen und was wir nicht wollen, dann wird über unsere Herzen hinweg von anderen für uns entschieden werden. Wir benötigen also unbedingt eine innere Klarheit. Diese Klarheit ist ebenfalls ein Merkmal des Aufwachens.

Der Prozess der individuellen Schwingungserhöhung und damit auch der Prozess des Aufwachens verläuft übrigens bei den meisten Menschen schrittweise, so dass sich der physische Körper Schritt um Schritt allmählich an die steigende Schwingungsfrequenz und Energie anpassen kann. Sonst würde es für den physischen Körper bald zu viel werden. Der

---

* Mit dem Begriff «Unlicht» ist im vorliegenden Buch folgendes gemeint: (1.) allgemein das Prinzip des Negativen, Destruktiven und Manipulativen, das weder die Liebe noch den freien Willen anderer Lebewesen respektiert und das auf Feindbilddenken und Gewalt basiert; (2.) irdische oder außerirdische Wesen, die sich für die Mentalität des Unlichts entschieden haben und die sich destruktiver und manipulativer Methoden bedienen, um Systeme der Angst, der Verunsicherung und der Verwirrung zu errichten und aufrechtzuerhalten.

Körper hat ein eigenes Bewusstsein und eine eigene Wahrnehmungsfähigkeit, und er ist imstande, telepathisch mit unserem geistigen Team zu kommunizieren. Nur weil es ein physischer Körper ist, bedeutet dies noch nicht, dass er in seiner Wahrnehmung oder in seiner Kommunikation auf die physische Ebene begrenzt ist.

Bitte nicht wieder einschlafen

Die seltsamen globalen Umstände in den vergangenen Jahren haben vermutlich bei einigen Menschen bewirkt, dass sie sich vor lauter Angst und Verwirrung noch tiefer ins Vergessen einwickeln ließen. Diese Menschen haben sich dafür entschieden, dass sie im Moment noch nicht aufwachen wollen, und das gilt es zu respektieren. Ich bin mir jedoch sicher, dass die beiden Jahre bei einer Vielzahl der Menschen genau das Gegenteil bewirkt haben, nämlich dass sie begonnen haben, allmählich aufzuwachen und ihren Bewusstseinshorizont zu erweitern. Es besteht jedoch die Gefahr, dass diese Menschen dann, wenn in ihrem Umfeld Lockerungen kommen und wenn gewisse Maßnahmen wieder aufgehoben werden, denken, das Problem sei jetzt gelöst, und dass sie wieder einschlafen.

Das wäre wirklich schade, denn die unlichten Strukturen und ihre ganzen Pläne und Vorhaben sind ja immer noch hier, und die derzeitigen Machthaber wollen sie immer noch durchsetzen. Die Menschen sollten daher weiterhin wachsam sein und aufpassen, dass sie nicht wieder in ihre alten Muster zurückfallen und einfach wieder einschlummern. Wahrscheinlich sollen die Lockerungen oder das Aufheben von Maßnahmen ja genau dies bewirken: dass die Menschen sich in Sicherheit wiegen und brav wieder einschlafen, als wäre nichts gewesen.

Darum ist es aus meiner Sicht so wichtig, in der Tiefe zu verstehen, was hier auf der Erde gerade gespielt wird und womit die gegenwärtigen Umstände im größeren Kontext zusammenhängen. Denn je genauer man hinter die Kulissen sieht, desto weniger läuft man Gefahr, sofort wieder einzuschlafen, falls es im äußeren Leben vermeintliche Erleichterungen oder eine Art «Rückkehr zur Normalität» gibt.

Es wird niemals wieder so sein wie früher

Die meisten Menschen haben sich in den vergangenen Jahren wahrscheinlich nur deswegen alle Maßnahmen gefallen lassen und haben nur deswegen alles mitgemacht, was die Politiker und die Wissenschaftler ihnen vorgeschrieben haben, weil sie gehofft haben, sie würden am Ende ihr altes Leben wieder zurückbekommen. Einerseits ist dieser Wunsch natürlich verständlich, aber andererseits glaube ich ehrlich gesagt nicht daran, dass es jemals wieder so sein wird wie früher. Unser altes Leben, so wie wir es bis vor wenigen Jahren kannten, wird nicht mehr zurückkommen, denn das ist weder von der lichten, noch von der unlichten Seite her so geplant.

Egal was man uns erzählt: Es war von Anfang dieser Geschichte an gar nie geplant, dass die Menschen ihr altes Leben je wieder zurückbekommen würden. Das konnte man der Bevölkerung aber nicht offen sagen, denn sonst hätte mit Sicherheit eine große Mehrheit lauthals protestiert und sich verweigert. Deshalb hat man uns gesagt, alle Maßnahmen und Einschränkungen seien nur für eine gewisse Zeit nötig und danach würde man wieder «zurück in die Normalität» gehen. So hat man uns eine Geschichte erzählt, warum dies alles erforderlich sei, und so haben die meisten Menschen alles stillschweigend über sich ergehen lassen.

Die Geschichtenerzähler, die vordergründig die Entscheidungen treffen und die ständig in den Medien sichtbar sind, sind nicht unabhängig. Hinter ihnen stehen noch weitere Instanzen, und zwar sowohl physische Menschen als auch feinstoffliche Wesen. Diese Hintergrundmächte verfolgen gewisse Pläne – wie etwa «Agenda 2030», «The Great Reset» und dergleichen –, und zur Umsetzung ihrer Pläne verwenden sie unter anderem die Regierungen und die Wissenschaftler. Für jemanden, der die größeren Zusammenhänge nicht kennt oder der nicht daran glaubt, dass es überhaupt größere Zusammenhänge gibt, klingen die offiziellen Beschreibungen dieser Pläne irgendwie noch ganz schön und harmlos. Aber aus meiner Perspektive betrachtet war die ganze Geschichte der vergangenen Jahre nichts anderes als ein weiterer strategischer Schachzug zur schrittweisen Verwirklichung dieser unlichten Pläne, an deren Ende die totale Überwachung und Kontrolle der Menschheit stehen soll. Die Sache mit dem Virus und der Pandemie ist dabei lediglich ein Vorwand für andere Dinge, um die es dem Unlicht tatsächlich geht. Zum Glück steht es bereits fest, dass es ihnen am Ende nicht gelingen wird, diese Pläne zu verwirklichen.

Wenn ich hier solche Themen anspreche, geht es mir nicht darum, den Menschen Angst zu machen. Im Gegenteil: Es geht mir darum, den Menschen ein Angebot zu machen, ihr bisheriges Weltbild zu erweitern und einen neuen Blick auf ihr Dasein zu gewinnen – und zwar in einer solchen Weise, dass sie letztlich ihre Angst verlieren, da sie erkennen, wer sie in Wahrheit sind und wie viel mächtiger sie sind als die selbst ernannten unlichten Machthaber. Dadurch, dass wir die größeren Zusammenhänge erkennen, sind wir in der Lage, anders mit unserer Situation umzugehen und auf die gegenwärtigen Umstände positiv zu reagieren – weil wir Klarheit haben. Klarheit und Erkenntnis sind starke Helfer, die uns aus den Gefühlen der Ohnmacht herausbringen.

Selbst unter jenen Menschen, die bereits ein Stück weit aufgewacht sind, fühlen sich manche nach diesen beiden Jahren müde, ohnmächtig und verzweifelt und überlegen sich womöglich, ob sie nicht doch aufgeben und sich einfach dem System fügen sollen. Das wäre meiner Ansicht nach jedoch sehr schade, denn jetzt aufzugeben würde bedeuten, dass das ganze Durchhalten in diesen letzten Jahren und auch schon in den Zeiten davor umsonst gewesen ist. Deshalb ist es wichtig, jetzt weiter in Bewegung zu bleiben und durchzuhalten, auch wenn wir davon ausgehen müssen, dass der Druck auf die Bevölkerung in der näheren Zukunft nochmals zunehmen wird.

Ich habe zuvor darüber gesprochen, wie wichtig es ist, dass wir bewusste und klare Entscheidungen darüber treffen, was wir mit unserer Energie unterstützen wollen und was nicht. Da wir fortwährend dazulernen, kann es sein, dass wir irgendwann merken, dass eine bestimmte Entscheidung, die wir in der Vergangenheit getroffen haben, doch nicht so gut war. Das ist aber nicht weiter schlimm, und wir sollten uns selber dafür nicht verurteilen, denn wir können uns ja jetzt einfach umentscheiden. Das Gute an Entscheidungen ist, dass sie nicht unveränderbar sind. Falls wir bemerken, dass der Weg, den wir als Individuum oder auch als Gesellschaft bisher eingeschlagen haben, uns nicht weiterbringt, können wir uns dafür entscheiden, von nun an einen anderen Weg zu wählen.

Was immer in der Vergangenheit geschehen sein mag – wir können uns jetzt dafür entscheiden, dass wir in Zukunft in einer schönen und friedlichen, in einer freien Welt leben wollen. Dann können wir uns zusammentun mit Menschen, die ähnlich denken wie wir und die sich ebenfalls für eine freie und friedliche Welt entschieden haben, und gemeinsam damit beginnen, eine solche Welt zu erschaffen.

Was wir von der Politik (nicht) erwarten können

Von der derzeitigen Politik können wir einen solchen Kurswechsel hin zum Positiven nicht erwarten. Die Politiker können einen solchen Wandel gar nicht vollziehen, da sie sich allesamt in einem globalen System bewegen, welches ein freies und friedliches Zusammenleben der Menschen überhaupt nicht vorsieht und es auch nicht ermöglicht. Dies betrifft übrigens jedes Land auf der Erde, egal welches politische System offiziell gerade vorherrscht.

Selbstverständlich gibt es überall auch vereinzelte Politikerinnen und Politiker, die es gut meinen und die sich für das Positive einsetzen möchten. Doch im aktuellen System können sie sich noch nicht durchsetzen, und viele von ihnen haben wahrscheinlich auch gar keinen Einblick in das, was in Wahrheit hinter diesem globalen System steht. Aber es gibt in der Politik leider auch reichlich Leute, die alles andere als Menschenfreunde sind und die es überhaupt nicht gut mit der Bevölkerung meinen. Sie werden ihre Pläne weiter verfolgen, bis es nicht mehr geht, bis ihr System am Ende komplett zusammenbricht. Es hilft daher wenig, wenn wir mit Gefühlen wie Angst, Ohnmacht, Wut oder Verurteilung auf das System reagieren und es damit indirekt energetisch noch stärken. Viel wirkungsvoller ist es, wenn wir unser Bewusstsein auf das Gute ausrichten und parallel zum sich abzeichnenden Zerfall des aktuellen Systems des Negativen jetzt unsere Energie darauf richten, eine neue Ordnung des Positiven aufzubauen.

Wozu wir allerdings aufgefordert sind, ist möglichst klar zu erkennen, was das für Systeme sind – politisch, wirtschaftlich, wissenschaftlich, religiös und so weiter –, in denen wir aktuell leben. Denn nur wenn wir diese Systeme durchschauen, können wir vermeiden, dass wir von ihnen unwissentlich manipuliert werden. Jeder von uns sollte daher für sich selbst ganz klar festlegen, inwieweit er oder sie die Pläne und die Handlungen der Machthaber gutheißt oder nicht. Und jeder sollte entscheiden, inwieweit er oder sie auf der physischen Ebene mitmacht oder nicht. Gewaltfrei und liebevoll ungehorsam zu sein, die herrschenden Strukturen abzulehnen und nicht mitzumachen, erfordert zwar manchmal Mut, doch für eine positive Zukunft der Erde ist es wichtig. Wir sind nicht machtlos, denn die wahre Macht über die Zukunft dieses Planeten liegt bei uns, den Menschen. Die Politiker haben nur dann Macht über uns, wenn wir es zulassen.

Meiner Ansicht nach gehen die Pläne des Unlichts aus zwei Hauptgründen nach wie vor zu einem Großteil auf: Erstens kennen die meisten Menschen ihre wahren Pläne gar nicht, und diese Unwissenheit schützt das Unlicht, so dass es weitgehend aus dem Verborgenen agieren kann. Und zweitens machen zu viele Menschen noch immer brav mit. Selbst wenn wir bereits ein Stück weit erkennen, was eigentlich los ist – solange wir trotzdem gehorsam mitmachen, nähren wir dadurch weiterhin die Pläne der unlichten Kräfte. Wir haben die schlechte Angewohnheit, die Verantwortung für unser Leben, die ja immer bei uns selbst liegt, an andere abzugeben, beispielsweise an Politiker. Wir denken: Lassen wir sie sich um alles kümmern, dann müssen wir nichts tun. Diese Angewohnheit gilt es zu überwinden, indem wir nach und nach aufwachen und die Verantwortung für unser Leben und für unser Zusammenleben wieder selbst tragen.

Der globale Wandel hin zum Positiven hängt in erster Linie davon ab, dass möglichst bald möglichst viele Menschen aufwachen und sich vernetzen. Je mehr Menschen bereits aufgewacht sind, desto leichter wird es danach für andere sein, ebenfalls aufzuwachen, da im kollektiven Feld schon eine gewisse Vorarbeit geleistet worden ist. Denn wie gesagt: Alles, was wir tun, hat eine gegenwärtige und eine zukünftige Auswirkung auf andere – auch dann, wenn wir uns nicht darüber bewusst sind.

Das Umgekehrte gilt genauso: Wenn wir versuchen, etwas völlig Neues zu wagen, das zuvor noch niemand getan hat, stellen wir oft fest, dass es etwas kompliziert und mühsam ist. Dies liegt daran, dass von anderen noch keine entsprechende Vorarbeitet geleistet worden ist. Auch wenn es also für Pioniere und Neuerer immer etwas schwerer und komplizierter ist, sind ihre Bemühungen dennoch höchst wertvoll, denn sie bilden die Vorarbeit für viele andere, die nach ihnen kommen werden.

Die ersten Pioniere zum Beispiel, die vor Jahrzehnten erstmals öffentlich über spirituelle Themen gesprochen haben, hatten es mit Sicherheit nicht leicht. Wahrscheinlich dachten die Leute damals, sie seien völlig verrückt. Heutzutage hingegen ist es viel einfacher – zumindest in gewisser Hinsicht –, und das ist das Verdienst jener spirituellen Pioniere, die nicht aufgegeben haben, sondern allen Schwierigkeiten und Widerständen zum Trotz bei ihrer Aufgabe geblieben sind.

Das heißt für uns: Wenn wir mit unserem Herzen und mit der Liebe verbunden sind, jedoch momentan in gesellschaftlichen und politischen Umständen leben, die uns in die gegenteilige Richtung drängen wollen, dann kann es vorkommen, dass wir gemäß dem Prinzip des «Ungehorsams der Liebe» manchmal Dinge tun müssen, die für uns stimmig und authentisch sind, auch wenn die Politiker und ein Teil der Bevölkerung sie nicht verstehen oder unterstützen können. Das verlangt zwar Mut, aber es lohnt sich, denn es ist eine wertvolle Vorarbeit für andere, die nachkommen werden.

Du wirst gebraucht – sonst wärest du nicht hier

In jedem Bereich braucht es Pioniere, die die Vorarbeit leisten, damit andere dann fünf oder zehn oder zwanzig oder noch mehr Jahre später die nächsten Schritte gehen können. Wir sollten daher niemals den Wert davon unterschätzen, mutig etwas Neues zu wagen.

Ebenso sollten wir unsere eigene Bedeutung nicht unterschätzen. Jeder von uns mag vielleicht nur ein einzelner Mensch sein, aber in diesem globalen Prozess des Aufwachens der Menschheit hat jeder einzelne Mensch eine Wirkung, und jeder einzelne wird gebraucht – sonst wäre er nicht hier. Auch wenn wir es in unserem Tagesbewusstsein vielleicht vergessen haben mögen, sind viele von uns willentlich hierher auf die Erde gekommen, weil wir bei diesem kollektiven Prozess aktiv mitwirken wollten. Jeder von uns hat seinen eigenen Bereich, in welchem er seine individuellen Aufgaben erfüllen und in welchem er etwas bewirken kann. Wenn viele Menschen in ihrem jeweiligen Bereich etwas Kleines tun, dann wird aus diesen vielen kleinen Dingen etwas Großes.

Ja, es wird Veränderungen geben, und es wird niemals wieder so sein wie früher. Kurzfristig stehen uns vermutlich noch weitere anstrengende und chaotische Zeiten bevor, und wir sollten uns noch auf einige unangenehme Überraschungen gefasst machen. Aber irgendwann in absehbarer Zukunft wird der ganze Spuk mit einem Mal vorbei sein. Daher wird es letztlich eine Veränderung hin zum Guten sein, vor der wir uns nicht zu fürchten brauchen.

Diese Veränderung zum Guten steht bereits unwiderruflich fest, aber für jede Veränderung braucht es gewisse Zutaten, gewisse Anforderungen, die erfüllt werden müssen. Es ist so, wie wenn wir zum Beispiel einen Kuchen backen wollen: Um den gewünschten Kuchen backen zu können, braucht es eine Reihe ganz bestimmter Zutaten, und wenn auch nur eine dieser Zutaten fehlt, wird etwas anderes dabei rauskommen. Bei einer Veränderung verhält es sich ähnlich: Damit sie stattfinden kann, braucht es eine Reihe ganz bestimmter Zutaten. Was das anstehende globale Kippen von einem System des Unlichts hin zu einer freieren und schöneren Gesellschaft betrifft, so fehlen im Moment noch ein paar Zutaten, damit es sich vollziehen kann. Es handelt sich ja um eine großangelegte Veränderung von globalem Ausmaß, die sehr viele Menschen in allen Ländern und auf allen Kontinenten betrifft, daher sind auch viele einzelne Zutaten erforderlich.

Wir sollten also noch ein klein wenig Geduld haben und unterdessen versuchen, das Beste aus den gegenwärtigen Umständen zu machen. Das ist übrigens etwas, das wir immer tun können: das Beste aus unseren jeweiligen Umständen machen – egal, wie fordernd sie auch sein mögen. Was dann daraus wird und wann genau unsere Wünsche in Erfüllung gehen, liegt oft nicht in unseren Händen, aber unser Bestes geben können wir trotzdem immer. Und das ist auch immer gut genug.

Bis also alle erforderlichen Zutaten für die globale Befreiung beisammen sind, wird es höchstwahrscheinlich nochmals etwas schlimmer und herausfordernder werden, bevor letzten Endes alles gut wird. Doch diese Dinge werden nicht etwa Anzeichen eines bevorstehenden Weltuntergangs sein, sondern lediglich die letzten verzweifelten Versuche des alten Systems, sein bereits besiegeltes Ende noch eine kurze Weile hinauszuzögern. Daher sind wir aufgefordert, nochmals geduldig zu bleiben und auch diese letzte dunkle Zeitphase vor dem Sonnenaufgang durchzuhalten; nochmals Vertrauen zu haben und nicht aufzugeben; nochmals Mut zu zeigen und unbeirrt und unerschrocken am Aufbau des Guten weiterzuarbeiten.

Hierfür braucht es jede Einzelne und jeden Einzelnen von uns. Es braucht auch dich. Du bist aufgefordert, jetzt Schritt um Schritt aufzuwachen und zu erkennen, wer du bist, warum du hier bist und wie du deinen Teil zum größeren Ganzen beitragen kannst. Zugleich bist du auch aufgefordert zu durchschauen, was sich gegenwärtig auf der Weltbühne abspielt, um auf diese Weise zu verhindern, dass du wieder einschläfst. Und du bist aufgefordert, mehr und mehr ein klares Unterscheidungsvermögen und eine hohe Selbstverantwortung zu entwickeln, denn diese beiden Eigenschaften werden dir und uns allen gerade in dieser seltsamen Zeitphase von allergrößtem Nutzen sein.

2

Das Ende
des unlichten Systems

[Fragen und Antworten
zur gegenwärtigen Weltsituation]

Das Unlicht erkennen und überwinden

Frage: Häufig hört man die Empfehlung: Fokussiere dich nicht auf das Dunkle, das Unlicht, sondern ausschließlich auf das Licht, denn sonst stärkst du mit deiner Aufmerksamkeits-energie das Unlicht. Das ist einerseits nachvollziehbar, aber könnte man andererseits nicht auch sagen, dass man sich über die Existenz des Unlichts im Klaren sein sollte, um es zu durchschauen und sich bewusst davon zu distanzieren? Wie also kann man hier die richtige Mischung, die richtige Balance finden?

Antwort: Natürlich ist es vor allem wichtig, dass wir unseren Fokus dorthin richten, wohin wir gehen wollen, also auf das Schöne, Gute und Lichtvolle. Aber wir sollten ebenso auch das Dunkle erkennen können, um zu vermeiden, dass wir ohne es zu bemerken vom Unlicht manipuliert werden.

Wie man die richtige Balance findet, ist wohl eine Sache des individuellen Gefühls. Wir alle sind selbst dafür verantwort-lich, dass es unserem Bewusstsein gut geht. Wenn wir über-haupt nicht hinschauen, was um uns herum passiert, ist es nur eine Frage der Zeit, bis es uns nicht mehr gut geht, da wir ständig unbemerkt manipuliert werden und anfangen, Dinge zu glauben, die nicht gut für uns sind. Wenn wir aber zu viel ins Dunkle schauen, tut es uns logischerweise auch nicht gut.

Jeder sollte hier also seinem eigenen Gefühl vertrauen, um die für ihn passende Mischung zu finden.

Bei der Frage, ob man das Unlicht tatsächlich stärkt, indem man sich damit beschäftigt, kommt es sehr darauf an, *wie* diese Beschäftigung aussieht. Wenn uns das Unlicht Angst macht und wir uns deswegen klein und ohnmächtig fühlen, geben wir ihm damit Energie, und das sollten wir selbstverständlich vermeiden. Das Wissen um die Existenz des Unlichts kann uns aber auch Klarheit schenken, und wir können diese Klarheit dafür nutzen, um beispielsweise nicht an die falschen Organisationen zu spenden oder um ganz allgemein besser zu durchschauen, was hier auf der Erde gerade gespielt wird.

Das Entscheidende sind also unsere Empfindungen, die wir im Umgang mit dem Unlicht haben, und welche Konsequenzen wir aus unserem Wissen über das Unlicht ziehen. Entweder gibt es uns Klarheit, so dass wir besser erkennen und entscheiden können, wohin unser Weg gehen soll, oder aber es macht uns ängstlich und ohnmächtig.

Bei alledem sollten wir folgendes nicht vergessen: Die unlichten Kräfte wollen uns zwar gerne glauben machen, sie seien übermächtig und sie würden alles kontrollieren, aber in Wahrheit stimmt das gar nicht. Denn die eigentliche Macht über das Schicksal der Menschheit liegt bei den Menschen selbst. Das Unlicht besitzt nur dann Macht über uns, wenn wir ihm glauben und wenn wir bei dem mitmachen, was es uns vorschreibt. Genau das ist der Hauptgrund, warum wir die Machenschaften des Unlichts kennen und erkennen sollten: um zu vermeiden, dass wir aus lauter naiver Unwissenheit bei ihrem unseligen Spiel mitmachen.

Frage: Was würde passieren, wenn die Menschheit einfach kollektiv aufhören würde, den Vorschriften des Unlichts zu gehorchen?

Antwort: Das Unlicht müsste sich umgehend geschlagen geben. Wenn die Menschen sich wirklich darüber bewusst wären, in was für einem System sie leben, und sich einfach weigern würden – nicht nur mit Worten, sondern auch mit ihren Taten im Physischen –, weiterhin so zu leben, dann würden die unlichten Wesen sofort ihre Macht und ihren Einfluss verlieren. Ihr Einfluss auf diesem Planeten hängt einzig und allein davon ab, dass die Menschen ihnen folgen.

Betrachten wir zum Beispiel all die vielen Maßnahmen und Einschränkungen während der vergangenen «Corona»-Jahre: Obwohl sie äußerst fragwürdig waren, machten die meisten Leute, aus welchen Gründen auch immer, einfach unreflektiert bei allem mit, was man ihnen vorschrieb. Würde ab heute einfach niemand mehr mitmachen, so wäre die ganze Geschichte morgen vorbei. Denn wie gesagt: Die Macht liegt bei uns Menschen, und das Unlicht kann nur dann Einfluss auf uns ausüben, wenn wir in unserem Bewusstsein dafür empfänglich sind. Je mehr blinde Flecken und Unbewusstheit wir haben, desto mehr Kontrolle geben wir dem Unlicht über uns. Und je mehr wir in der Angst sind, desto leichter kann man uns manipulieren.

Du bist nicht alleine

Frage: Viele Leute denken, eben weil sie sich ohnmächtig fühlen: «Was kann ich als Einzelner denn schon bewirken?» So warten sie darauf, dass die Anderen damit beginnen, etwas zu verändern. Aber irgendwie müssen wir den Ball doch ins Rollen bringen. Wie kann uns dies gelingen?

Antwort: Diese Menschen glauben vermutlich, sie seien alleine, und sie befürchten, dass ihnen etwas Schlimmes zustoßen würde, wenn sie ungehorsam wären. Das trifft ja auch zu, sofern es sich um einen Einzelnen handelt oder um nur zehn oder hundert und tausend Leute. Wenn jedoch genügend viele Menschen gleichzeitig sich weigern, weiterhin mitzumachen, und sich bewusst für etwas Neues entscheiden, dann wird sich umgehend etwas ändern. Was kann der Machtapparat schon gegen Millionen von Menschen ausrichten? Er ist machtlos.

Damit eine globale Veränderung hin zum Guten geschehen kann, braucht es Menschen, die mutig genug sind, einfach mal anzufangen. Natürlich weiß man zu Beginn vielleicht nicht immer, was dabei herauskommen wird. Aber solange alle ängstlich bleiben und sich nicht trauen anzufangen, kommen wir nicht voran. Vielen fehlt auch deswegen der Mut, weil sie Angst vor dem Unbekannten haben und nicht wissen, wie es danach weitergehen soll, wenn das jetzige System endet. Das ist völlig verständlich. Dennoch sollte jeder sich selbst fragen: «Woher kommen meine Zweifel und Ängste eigentlich? Kommen sie vielleicht bloß aus meinem Verstand, während mein Herz im Grunde schon viel furchtloser und mutiger ist?» – Vielleicht sagt unser Herz ja: «Du kannst ruhig mutig sein und den nächsten Schritt wagen». Wenn wir in unserem Inneren diese Herzensstimme hören, dürfen wir darauf vertrauen, dass wir von unserem geistigen Team und von unserer eigenen Seele auch die nötige Hilfe und Unterstützung bekommen werden. Unsere Seele, unser Höheres Selbst, spricht durch unser Herz zu unserem Tagesbewusstsein.

Vergessen wir nicht: Wir sind nicht alleine. Kein Licht ist jemals alleine. Wir waren in der Vergangenheit niemals alleine, und wir sind auch jetzt nicht auf uns alleine gestellt. Überall auf der Welt gibt es bereits eine große Anzahl von gleichgesinnten, lichtvollen Menschen, die gute Ideen für neue, menschenwürdige Formen des Zusammenlebens haben und mit denen wir gemeinsam den nächsten Schritt gehen können. Diese Erkenntnis, nicht alleine zu sein, wird uns auch in schwierigen Zeiten Zuversicht und Stärke schenken. Es geht jetzt aber darum, dass wir uns aktiv mit den anderen positiven Kräften vernetzen und zusammenschließen und dass wir uns gemeinsam darüber klar werden, in welche Richtung wir gehen wollen.

Falls wir uns in diesen seltsamen Zeiten gelegentlich ein wenig müde, hoffnungslos oder gar verzweifelt fühlen und mal gerade keinen Ausweg finden, so hilft es, wenn wir uns an diese beiden Dinge erinnern: erstens, dass es hier auf der Erde bereits sehr viele gute Menschen und viele gute Projekte gibt*, und zweitens, dass auf alle Fälle am Ende alles gut ausgehen wird.

Ebenso sollten wir uns stets daran erinnern, dass es für jede Situation eine positive Lösung gibt und dass sich Dinge auch ganz schnell zum Guten wenden können – selbst dann, wenn wir in dem Moment vielleicht gar nicht daran glauben. Nur weil wir uns vorübergehend mal hoffnungslos fühlen, bedeutet das nicht, dass es tatsächlich keine Hoffnung gibt. Manchmal erkennen wir sie einfach nicht, vor allem dann nicht, wenn wir aufgrund der zermürbenden Umstände schon etwas müde geworden sind. Das Wichtigste ist, dass wir dann, wenn wir hoffnungslos sind und gerade keine Lösung erkennen, mit uns selber nachsichtig sind und uns nicht dafür verurteilen.

Auch andere Menschen können uns in solchen trüben Momenten Mut machen, indem sie uns eine andere Sichtweise aufzeigen. Auch deshalb sollten wir uns mit Gleichgesinnten vernetzen und austauschen. Wir kommen nicht alleine durch diese Zeit hindurch; wir brauchen andere Menschen.

Was mich betrifft, so habe ich für mich eine vorsorgliche Methode herausgefunden, für den Fall, dass ich in gewissen schwierigen Umständen mal nicht spüre, wie ich damit am besten umgehen soll: Wann immer ich in meinem Alltag positive, ermutigende Dinge höre oder lese, schreibe ich sie mir auf einen Zettel und hänge diesen Zettel an meine Türe. In Augenblicken, in denen es mir nicht besonders gut geht, lese ich durch, was auf den Zetteln steht. Da es sich um lauter positive Dinge handelt, sind sie in dem Moment für mich sehr hilfreich – sogar dann, wenn sie zunächst nur als Theorie auf der Verstandesebene wirken und ich auf der Gefühlsebene das Positive gerade nicht fühlen kann. Es ist aber nur eine Frage der Zeit, bis die Klarheit und die Hoffnung auch wieder in die Gefühle zurückkehren. Denn dadurch, dass wir in unserem

---

* Eines dieser zahlreichen positiven und lichtvollen Projekte ist zum Beispiel das «Manifest der Neuen Erde» («The New Earth Manifesto»), das wir ausdrücklich empfehlen möchten.
Website: TheNewEarthManifesto.com

Kopf klarer zu denken beginnen, werden wir früher oder später auch beginnen, wieder klarer zu fühlen.

Frage: Manchmal fühlen sich Menschen sogar innerhalb ihrer eigenen Familie mit ihren Gedanken und ihren Ansichten alleine. Sie haben den Eindruck, ihre eigenen Verwandten und Freunde könnten sie nicht verstehen oder würden womöglich sogar denken, sie seien verrückt geworden. Was würdest du in einer solchen Situation empfehlen?

Antwort: Nun ja, das kann vorkommen. Manchmal sind unsere Familienangehörigen und Freunde aufgrund ihrer eigenen Gedankenmuster oder ihrer eigenen Ängste nicht in der Lage, uns zu verstehen. Dafür sollten wir Verständnis zeigen und es respektieren, und wir sollten ihnen unsere Ansichten nicht aufdrängen. Natürlich können wir versuchen, ihnen unsere Sichtweise zu erklären, aber wenn wir dabei auf taube Ohren stoßen, dann sollten wir Gespräche über solche Themen vermeiden. Denn es bringt nichts, wenn wir darüber in Streit geraten. Leben und leben lassen. In extremen Fällen, wenn die Verwandten oder Freude oder Arbeitskollegen ihrerseits immer wieder den Streit mit uns suchen, bleibt uns für den Moment nichts anderes übrig als uns soweit von ihnen zu distanzieren, dass wir in unserer Kraft bleiben und ungestört nach unseren Überzeugungen leben können. Aus der Distanz können wir ihnen ja trotzdem Verständnis und Mitgefühl zukommen lassen.

Damit wir selber in solchen Situationen nicht aus dem Vertrauen fallen, hilft es, dass wir uns an folgendes erinnern: Die göttliche Ordnung sorgt dafür, dass es überall auf der Welt Lichtarbeiter gibt, in allen Ländern und in allen Familien. Diese Lichter sind teilweise ziemlich weit verstreut, so dass es vorkommen kann, dass wir in unserer Familie im Moment noch die Einzigen sind. Wenn man sich als höherschwingende Seele auf diesen Planeten inkarniert, gehört es häufig mit dazu, dass man innerhalb seiner Familie oder seines Umfeldes alleine ist. Hin und wieder empfindet man diesen Umstand als etwas schwierig, und in solchen Momenten kann man sich mit der Erinnerung trösten, dass dies der Preis ist, den man zuweilen zahlt, wenn man irgendwohin mehr Bewusstsein bringen möchte.

Die notwendige Veränderung hin zum Guten muss von uns, den Lichtarbeitern, ausgehen. Von wem sonst sollte sie ausgehen? Wir können von denjenigen, die noch am Schlafen oder die noch voller Ängste sind, nicht erwarten, dass sie die ersten Schritte machen. Und von der derzeitigen Politik können wir diese Veränderung erst recht nicht erwarten.

Politische Proteste

Frage: Was ist deine Haltung gegenüber öffentlichen Protestaktionen, politischen Straßenkundgebungen und dergleichen?

Antwort: Aus meiner Sicht geht es auch hier in erster Linie um die Frage, in welchem Bewusstsein und mit welcher Motivation die Menschen dies tun. Sicherlich gibt es Beispiele dafür, dass solche Aktionen gewisse Dinge verhindern oder verändern konnten, aber ich habe nicht den Eindruck, dass man mit dieser Art von Protest nachhaltig eine bessere Welt aufbauen und alles lösen kann, was hier auf der Erde gerade schief läuft.

Die meisten Menschen, die auf der Straße demonstrieren, verlangen vom herrschenden System etwas, das es gar nicht erfüllen kann. Für viele besteht das Hauptziel ihres Protestes darin, dass sie ihr altes Leben zurückbekommen, so wie es vor dieser ganzen Pandemie-Geschichte war. Sie denken, dass man ihnen während dieser beiden Jahre ihre frühere Freiheit genommen habe, und diese Freiheit fordern sie nun zurück. Doch nach meinen Maßstäben von Freiheit waren sie auch vorher schon nicht wirklich frei, nur dass die meisten es nicht bemerkt haben. Darum sind solche politischen Kundgebungen für mich nicht die wirkliche Lösung, vor allem dann nicht, wenn sie von Hass und von Gewalt begleitet sind und man sich mit der Polizei irgendwelche Straßenschlachten liefert. Man sollte bei einer Sache nur dann mitmachen, wenn sie für einen wirklich stimmig ist und wenn man mit seinem Herzen dabei sein kann. Aber immerhin zeigen die Proteste, dass inzwischen etliche Menschen bereit sind, konkret etwas zu tun, um die Zustände zu verbessern.

Immer wenn ich solche Demonstrationen und Protestaktionen sehe, denke ich: Wie schön wäre es doch, wenn diese vielen Menschen, die auf die Straße gehen, sowie die Organisatoren, die solche Kundgebungen veranstalten, alle gemeinsam ihre Energie für den Aufbau einer positiven Gesellschaft einsetzen würden! Was könnte alles passieren, wenn sie statt gegen das Alte und Negative zu protestieren einfach damit beginnen würden, das Neue und Positive aufzubauen! Was könnte dann alles an Gutem entstehen! Zugleich aber ist es auch ein positives Zeichen, wenn die Leute ihren Unmut über gewisse Dinge auf der Straße zeigen. Denn so sehen diejenigen, die das Gefühl haben, sie seien alleine, dass sie es gar nicht sind. Ich finde es wichtig, dass die Menschen offen sagen, was sie nicht wollen, um damit ein Zeichen zu setzen. Eine solche breite Willensbekundung der Bevölkerung ist außerdem auch für unsere lichtvollen geistigen Helfer von Bedeutung, denn sie gibt ihnen die Erlaubnis zu wirken.

Das alte System, in dem wir gegenwärtig leben, ist nicht mehr zu retten. Es war ohnehin noch nie darauf ausgelegt, uns Menschen Gutes zu tun. Daher empfehle ich, dass wir uns jetzt gemeinsam mit den lichtvollen Kräften Gedanken darüber machen, wie wir parallel zum bestehenden System allmählich eine neue, bessere Welt aufbauen können. Wenn die Menschen, die jetzt auf die Straße gehen, sich ohne Hass, ohne Verurteilung und selbstverständlich auch ohne Gewalt einfach weigern, das System mit ihrer Energie noch länger mitzutragen, und wenn sie sich stattdessen in friedlicher Weise für etwas einsetzen, das tatsächlich gut und konstruktiv ist, dann werden sich die Zustände sehr schnell verbessern.

Es ist verständlich und nachvollziehbar, wenn Menschen angesichts der gegenwärtigen Weltsituation wütend werden. Wut ist eine starke Energie, die man entweder für etwas Konstruktives oder für etwas Destruktives einsetzen kann.

Wir können dem System des Unlichts trotzig unseren gewaltfreien Widerstand entgegensetzen, indem wir mutig und entschlossen sagen: «Wir gehorchen euch nicht mehr, und wir machen bei eurem System nicht mehr mit. Wir gehen jetzt unseren eigenen Weg.» Wenn wir auf diese Weise Wut in Mut umwandeln, bekommen wir die notwendige Kraft, um standhaft zu bleiben, um nicht nachzugeben und um Grenzen zu setzen – eine Kraft, die wir nicht hätten, wenn wir voller Angst wären. Diese Art von Wut ist etwas Positives, denn sie zerstört nichts, sondern sie hilft uns dabei, das zu tun, was wir wirklich wollen.

Frage: Wie könnte dieses Nicht-Mitmachen, dieser friedliche Ungehorsam konkret aussehen?

Antwort: Er kann sich auf allen Ebenen zeigen. Zum einen kann man auf der physischen Ebene ungehorsam sein, indem man beispielsweise aufhört, Fleisch zu essen, weil man nicht unterstützen möchte, dass Tiere grausam behandelt und umgebracht werden. Oder man tritt aus der Kirche aus, weil man festgestellt hat, dass die Ansichten und die Handlungen der Kirche nicht mit den eigenen Überzeugungen vereinbar sind. Oder man kündigt die Abonnements von Zeitungen und so weiter, weil man entschieden hat, dass man sich ihrer manipulativen Berichterstattung nicht mehr länger aussetzen möchte. Auf diese Weise sollten wir auch auf der physischen Ebene konsequent nach den Einsichten handeln, die wir für uns als Wahrheit erkannt haben.

Zum anderen kann man auch auf der feinstofflichen Ebene des Bewusstseins ungehorsam sein. Im Grunde geht es bei der ganzen Geschichte hauptsächlich um unser Bewusstsein. Da der Plan des unlichten Systems beinhaltet, dass alles Positive und Schöne und Menschliche verschwinden soll, können wir uns in unserem Bewusstsein einfach diesem Plan verweigern und im Gegenteil gerade die positiven und schönen Dinge behalten und leben. Sie sind es schließlich auch, die uns Menschen ausmachen. Positiv und liebevoll zu sein ist die stärkste und wirksamste Form des Ungehorsams.

Die «Matrix des Unlichts»

Frage: Manchmal wird gesagt, dass wir als Menschheit in einer Art «Matrix des Unlichts» gefangen sind. Kannst du erklären, was genau diese Matrix ist und wie wir uns von ihr befreien können?

Antwort: Die Matrix ist so etwas wie ein feinstoffliches, energetisches Gitternetz, welches von den Wesen des Unlichts um die Erde gespannt worden ist und das Bewusstsein der Menschen in Illusion gefangen hält. Es gibt zudem auch eine grobstoffliche Matrix, nämlich das politische, wirtschaftliche, wissenschaftliche und religiöse System, in dem wir alle leben und gefangengehalten werden.

Von der Matrix befreien können wir uns ganz einfach dadurch, dass wir in unserem Bewusstsein aufwachen. Indem wir aufwachen und uns damit auf der entscheidenden Ebene unseres Bewusstseins befreien, wird dies früher oder später auch Auswirkungen auf die physische Ebene haben – auf die Art und Weise, wie wir leben oder wie wir miteinander und mit der Natur umgehen und so weiter. Wenn erst einmal unser Bewusstsein von der Matrix befreit ist, wird sich diese Befreiung auch im Physischen manifestieren. Allerdings erfordert dies von uns eine bewusste Entscheidung. Nachdem wir erkannt haben, dass mit dem herrschenden System etwas nicht in Ordnung ist, sollten wir uns konsequenterweise auch dafür entscheiden, ungehorsam zu sein und nicht mehr mitzumachen.

Frage: Könnte man demnach sagen, dass der wirksamste «Ungehorsam der Liebe» darin besteht, uns darüber bewusst zu werden, dass wir in unserem innersten Kern Licht und Liebe sind? Genau dieses Bewusstwerden ist es ja, was das Unlicht mit seiner Illusionsmatrix zu verhindern versucht. Aufzuwachen ist demnach das Ungehorsamste, das wir überhaupt tun können.

Antwort: Ja, genau. Aufwachen ist der wichtigste Teil des Ungehorsams. Aber nach dem Aufwachen sollten wir auch anfangen, gemäß unseren neuen Erkenntnissen zu handeln. Wenn wir das nicht tun, stecken wir trotzdem noch irgendwie in der Matrix fest, weil wir sie auf der physischen Ebene weiter unterstützen. Doch der Schlüssel ist und bleibt natürlich immer zuerst das Bewusstsein.

Frage: Wie und durch wen ist die irdische Matrix überhaupt entstanden?

Antwort: Nun ja, um das zu erklären, muss ich ziemlich weit ausholen und in der Geschichte der Menschheit ziemlich weit zurückgehen. Zudem ist es bei der Antwort auf diese Frage unumgänglich, auch die Rolle von außerirdischen Zivilisationen zu erwähnen, denn diese sind entscheidend für das Verständnis der größeren Zusammenhänge. Ich bin mir natürlich darüber im Klaren, dass gerade dieser Aspekt «Außerirdische» für viele Menschen eine große Herausforderung darstellt, da sie der Existenz von außerirdischem Leben bisher keinen Platz in ihrem Weltbild eingeräumt haben. Dennoch lässt es sich nicht vermeiden, über Außerirdische zu sprechen, wenn man tatsächlich verstehen will, was hier auf der Erde los ist.

Also: Begonnen hat es vor Tausenden von Jahren damit, dass gewisse unlichte Außerirdische, die den Menschen gegenüber nicht positiv eingestellt waren, sich auf der Erde breit gemacht und ein System der Unterdrückung eingeführt haben, das im ursprünglichen Plan so nicht vorgesehen war. Seitdem lebt die Menschheit in diesem System wie in einem Gefängnis. Die außerirdischen Unterdrücker haben damals die menschliche DNA manipuliert, so dass es möglich wurde, eine Matrix des Vergessens zu errichten, welche die Menschen in konstanter Illusion hält. Wie sie das im Detail gemacht haben, weiß ich nicht.

Jedenfalls halten diese außerirdischen Mächte seitdem die Erdenmenschheit absichtlich in Unbewusstheit und in Unwissenheit. Manche von ihnen inkarnieren sich auch immer wieder physisch auf die Erde, um hier ein fremdes System aufrecht zu erhalten, das auf Angst, Feindbilddenken, Lügen,

Gewalt, Kriegen und so weiter gründet – Dinge, die für die menschliche Zivilisation eigentlich nicht natürlich sind.

Dieses System enthält auch eine beabsichtigte Zwietracht unter den Menschen. Die Menschen wurden und werden gezielt darauf programmiert, untereinander gespalten zu sein und sich gegenseitig zu bekämpfen – sei es durch Religionen, politische Systeme, Rassismus oder was auch immer. Diese Spaltung sehen wir leider auch unter den Menschen, die schon etwas mehr aufgewacht sind. Es fällt selbst ihnen schwer, gemeinsam in eine Richtung zu gehen. Sie meinen das gar nicht böse, aber die Programmierung zum Gespaltensein sitzt bei allen Menschen noch sehr tief, und es braucht viel Mut und Kraft, sie zu überwinden.

Weil die Unterdrückung und die Manipulation durch das System des Unlichts nun schon so lange andauern, halten wir diese Dinge für naturgegeben und meinen, die Menschen seien schon immer so gewesen. Denn wir haben nicht nur vergessen, wer wir in Wahrheit sind, sondern wir haben auch vergessen, dass wir vergessen haben.

Es müsste auf der Erde eigentlich gar keine Zwietracht, keine Gewalt und keine Kriege geben, und wir bräuchten auch gar nicht diese ganzen unlichten Technologien, die die Natur schädigen und zerstören. Wir könnten schon längst wieder in Frieden zusammenleben und lichtvolle, konstruktive Technologien verwenden. Die beiden einzigen Gründe, warum dies noch nicht möglich ist, sind die Anwesenheit der unlichten Wesen und die Bereitschaft des Menschheitskollektivs, ihnen nach wie vor zu folgen.

Frage: Woher stammen diese unlichten außerirdischen Wesen? Und wie sind sie zu dem geworden, das sie heute sind?

Antwort: Ganz ursprünglich stammen sie, wie wir alle, natürlich ebenfalls aus der göttlichen Urquelle, aus der Liebesurquelle. Aber sie haben sich mit ihrem freien Willen schon vor langer Zeit dafür entschieden, sich in ihrem Bewusstsein von der Quelle abzutrennen. Dies hatte für diese Wesen weitreichende Konsequenzen, die ihnen höchstwahrscheinlich zuvor selber gar nicht klar gewesen waren. Da sie aufgrund ihrer Entscheidung plötzlich nicht mehr bewusst ans Göttliche angeschlossen waren, haben sie ihre natürliche Seelenenergie verloren und sind seither darauf angewiesen, sich von tiefschwingenden Energien wie zum Beispiel von Angstschwingungen zu ernähren, um nicht zu verhungern. Diese Wesen sind so sehr traumatisiert und so sehr in ihrem Kampf ums Überleben gefangen, dass ihnen Gefühle wie Verständnis, Liebe, Mitgefühl oder Hilfsbereitschaft vollständig fehlen. Aufgrund ihrer Traumatisierung haben sie innerlich sozusagen mit der Liebe und mit allen anderen göttlichen Qualitäten abgeschlossen, und ihr Ersatz für die fehlende Liebe sind die Macht und die Kontrolle geworden.

Frage: Besteht für diese bedauernswerten Wesen, die sich von der Liebe abgetrennt haben, eine Chance, jemals wieder aus dem Unlicht herauszukommen? Können sie ihre Entscheidung rückgängig machen?

Antwort: Ja. Theoretisch ist kein Wesen für immer verloren. Wenn sich ein Dunkelwesen von sich aus wieder mit der Liebe verbinden will, wird es immer einen Weg geben. Das Problem besteht jedoch darin, dass diese unlichten Wesen, weil sie schon so lange vom Göttlichen abgetrennt sind, die Liebe gar nicht mehr vermissen. Sie haben gar keinen Bezug zu diesem Gefühl mehr und lehnen es sogar ab. Deshalb ist es in ihrem Fall tatsächlich etwas kompliziert. Ein solches Wesen ist nicht mehr imstande, aus sich selbst heraus die Sehnsucht nach Liebe zu entwickeln – nicht, weil es wirklich verloren ist, sondern weil in seinem Bewusstsein der Wunsch nach dem Licht einfach fehlt. Würde es sagen: «Ich will wieder lieben!», dann würde sich ein Weg zurück zur göttlichen Quelle öffnen. Viele dieser unlichten Wesen aber wollen diesen Weg gar nicht gehen.

Frage: Ist es ratsam, dass wir auch zum Wohle des Unlichts beten oder meditieren und den Wesen des Unlichts auf diese Weise Licht senden?

Antwort: Ja. Wenn wir tatsächlich der gesamten Schöpfung gegenüber Verständnis empfinden, dann können wir auch unterschiedslos allen Geschöpfen unser Mitgefühl schenken – sei es in Form einer Meditation oder auch auf anderem Wege. Leider bedeutet das nicht, dass die unlichten Wesen dadurch plötzlich liebevoll werden. Aber es ist etwas Gutes, wenn wir dem Unlicht gegenüber eine Grundhaltung haben, die auf Verständnis und nicht auf Verurteilung beruht. Andererseits sollte unser Verständnis nicht so weit gehen, dass wir gutheißen, was diese Wesen tun.

Frage: Offensichtlich erstreckt sich die Dualität von Licht und Unlicht, die wir hier in der Dreidimensionalität kennen, auch hinauf in die höheren Dimensionen. Weißt du, bis wie weit hinauf diese Dualität reicht?

Antwort: Dualität gibt es tatsächlich auch in den höheren Dimensionen. Nicht alles, was höherdimensional ist, ist automatisch auch lichtvoll und gut. Da oben herrscht auch viel Unlicht. In welcher Dimension ganz genau es aufhört, kann ich nicht mit Sicherheit sagen. Die reine, bedingungslose Liebe steht natürlich außerhalb der Dualität. Dort, in der Einheit, gibt es keine Zweiheit und damit auch kein Unlicht. Aber überall dort, wo Wesen wohnen, die noch nicht oder nicht mehr vollständig in der reinen Liebe sind, gibt es Vielheit. Das bedeutet nicht, dass die Dualität von Licht und Unlicht überall im Universum so extrem sein muss wie im Moment gerade hier auf der Erde. Aber die vollständige Einheit, die vollständige Abwesenheit von Unlicht, ist aus meiner Sicht nur dort möglich, wo sich alle Wesen im Bewusstsein der reinen Liebe befinden.

Frage: Gibt es diese extreme Form der Dualität von Licht und Unlicht, die wir im Moment hier auf der Erde erfahren, auch überall sonst im Universum, wo Dreidimensionalität herrscht?

Antwort: Ich würde sagen: nein. Allerdings kenne ich ja nicht jeden dreidimensionalen Planeten im Universum. Aber ich gehe davon aus, dass es nicht überall in der Dreidimensionalität so extrem ist wie hier gerade. Denn die Matrix des

Vergessens, die wir hier in dieser Dimension der Erde seit ein paar tausend Jahren haben, ist schon etwas ziemlich Außergewöhnliches. Es ist nicht so, dass eine Seele immer, sobald sie sich irgendwohin auf einen Planeten inkarniert, völlig vergisst, wer sie ist.

Frage: Glaubst du, dass wir uns darüber im Klaren waren, worauf wir uns einlassen, als wir uns für diese Inkarnation als Erdenmensch entschieden haben? Wussten wir, dass wir in solche Umstände geraten würden, wie wir sie gegenwärtig erleben?

Antwort: Vielleicht wussten wir nicht, dass es genau diese Umstände sein würden, aber ich bin mir sicher, dass wir wussten, dass uns irgendetwas Seltsames erwarten würde und dass diese Zeit etwas chaotisch sein würde. Aber wir wussten wohl auch, dass am Ende alles gut sein würde, sonst hätten wir uns nicht auf dieses Abenteuer eingelassen.

Die übergeordneten Pläne des Unlichts

Frage: Du hast erwähnt, dass die Wesen des Unlichts die ihnen fehlende Liebe ersetzen durch das Streben nach Macht und Kontrolle. Ist das der Hintergrund all dessen, was wir Menschen insbesondere in den vergangenen Jahren so deutlich zu spüren bekommen haben?

Antwort: Ja. Wir alle haben gespürt, dass die Kontrolle intensiver und der Druck auf uns Menschen größer geworden sind. Aus meiner Sicht ist das nichts anderes als der letzte verzweifelte Kampf der unlichten Kräfte, die bewusst oder unbewusst erkannt haben, dass sie bereits verloren haben und dass sie ihre Ziele nicht mehr wie geplant werden erreichen können. Sie geben nun ihrerseits den Druck an uns weiter, den sie selber verspüren.

Frage: Magst du das weiter ausführen? Worin bestehen deinen Informationen nach die übergeordneten Pläne des Unlichts?

Was wollten und wollen sie beispielsweise mit dieser ganzen «Corona»-Geschichte oder mit Kriegen bezwecken?

Antwort: Die unlichten Kräfte inszenieren immer wieder irgendwelche Ereignisse, um ihre langfristigen Ziele umzusetzen. Bei der Geschichte mit Corona zum Beispiel ging es aus meiner Sicht in Wahrheit gar nie um das Bekämpfen einer Pandemie; vielmehr diente sie dazu, die nächsten Schritte einzuleiten, um gewisse Pläne weiter voranzubringen. Denn das Unlicht kann sein eigentliches Vorhaben nicht mit Gewalt innerhalb von ein paar Wochen oder Monaten erzwingen. Das wäre zu abrupt und könnte womöglich dazu führen, dass die Menschen sich in großer Anzahl dagegen wehren würden. Wenn einzelne Schritte aber langsam und unter plausibel klingenden Gründen eingeführt werden, nehmen die meisten Menschen sie mehr oder weniger widerspruchslos an. Sie glauben dann, die jeweiligen Maßnahmen seien zu ihrer eigenen Sicherheit notwendig. Corona war nicht die einzige Strategie, die die unlichten Kräfte für die Umsetzung ihrer Pläne genutzt haben. Sie erzeugen ständig irgendwelche Situationen, durch die sie ihre Ziele versteckt weiterverfolgen können.

Wenn man wissen möchte, worum es dem Unlicht letztlich geht, kann man über Begriffe wie etwa «The Great Reset» oder «Agenda 2030» recherchieren. Natürlich werden diese Vorhaben häufig so dargestellt, dass es sich dabei um etwas Gutes handle, aber meiner Einschätzung nach trifft dies nicht wirklich zu. Das eigentliche Ziel besteht darin, eine totale Kontrolle und Überwachung der Menschheit einzuführen – in noch viel stärkerem Ausmaß als sie jetzt bereits besteht. Unter anderem soll das Bewusstsein der Menschen über Implantate, Chips und dergleichen mit technischen Geräten und mit dem Internet verbunden werden. Dies nennt man auch «Transhumanismus»: mit Hilfe von Computerschnittstellen und künstlicher Intelligenz direkten Einfluss auf das Denken, Fühlen, Sprechen und Handeln der Menschen zu nehmen. Denn aus der Sicht der selbst ernannten Machthaber sind in der von ihnen angestrebten totalen Überwachungsgesellschaft jegliche Menschen unerwünscht, die eigenständig denken, die spirituell ausgerichtet sind, die Liebe in sich tragen und die das Licht auf der Erde verankern. Wenn das Gehirn eines Menschen mit einem Computer verbunden ist, der von irgendwelchen Programmierern bedient wird, dann kann man wirklich sagen, dass dieser Mensch vollständig aufgehört hat, selber zu denken.

Unter anderem wollen sie auch das Finanzsystem so umgestalten, dass es die Bürger noch mehr versklavt als heute, indem etwa das Bargeld abgeschafft und eine neue digitale Währung eingeführt wird. Damit könnten sie sämtliche Bewegungen aller Menschen digital nachverfolgen und steuern. Eine vollständige Enteignung aller Bürger ist ebenfalls geplant. Letzten Endes streben sie etwas an, das man als eine einzige zentrale Weltregierung bezeichnen kann. Auf dem Weg dorthin gibt es noch ein paar weitere Zwischenschritte, die ich jetzt nicht erwähnt habe. Ich habe nur eine grobe Übersicht der Pläne skizziert. Wer mehr wissen möchte, kann gerne selbst über diese Themen recherchieren.

Ich bin mir darüber bewusst, dass solche Aussagen einigen Menschen Angst machen könnten. Ich teile diese Informationen jedoch nicht mit, um Angst zu verbreiten, sondern damit man besser durchschauen und verstehen kann, was auf diesem Planeten gerade los ist und weshalb beispielsweise in der Politik, in der Wirtschaft oder in der Forschung gewisse Dinge passieren. Denn je mehr wir wissen, desto klarere Entscheidungen werden wir treffen können.

Die unlichten Kontrollmächte sind schon seit Jahrtausenden hier auf der Erde. Ihre Anwesenheit ist der eigentliche Grund dafür, warum die Menschheit seitdem ständig unter Kriegen und anderen Problemen leidet. Sie halten die Menschen bewusst und gezielt in konstanter Angst und in konstantem Leid. Da diese Wesen keine Verbindung mehr zur Liebe haben, entsteht durch das Fehlen von Liebe in ihrem Bewusstsein eine Art Lücke, und diese Lücke versuchen sie irgendwie aufzufüllen. Ihr Ersatz für die fehlende Liebe sind in erster Linie Macht und Kontrolle, und diese versuchen sie mit dem unablässigen Verbreiten von Angst aufrechtzuerhalten.

Solange diese Kräfte auf der Erde die Kontrolle innehaben, ist Weltfrieden nicht möglich. Natürlich können wir auf individueller Ebene in uns selbst Frieden finden und diesen auch möglichst an unser Umfeld weitergeben, doch ein globaler Frieden ist aus meiner Sicht erst dann möglich, wenn die unlichten Kräfte nicht mehr hier sind.

Frage: Die Mainstream-Medien haben in den vergangenen Jahren aktiv dafür gesorgt, dass spirituelle und systemkritische Menschen öffentlich lächerlich gemacht und als gefährlich hingestellt werden. Sie haben positive Begriffe wie «Querdenker» ins Gegenteil verdreht, indem sie unterstellen, dass jeder, der dem System nicht blind folgt und der an einen positiven Wandel glaubt, ein weltfremder oder gewaltbereiter Spinner sei. Dazu gehören auch diffamierende Begriffe wie «Verschwörungstheoretiker» oder «Corona-Leugner». Auch du wirst in den Medien manchmal als «Querdenkerin» oder als «Verschwörungstheoretikerin» gebrandmarkt. Wie gehst du damit um?

Antwort: Mich persönlich stört das nicht. Aber ich finde es schade, wenn gesagt wird, dass querdenken etwas Negatives sei, denn ich halte es für wichtig, dass man den destruktiven Strukturen gegenüber kritisch ist, dass man Dinge hinterfragt und sich Gedanken darüber macht, wie eine neue Gesellschaft auf der Grundlage von gegenseitigem Respekt, von Frieden und Freiheit aussehen könnte. Natürlich bin ich nicht damit einverstanden, wenn man dabei Hassgefühle schürt und zu Gewalt aufruft, denn Hass und Gewalt bringen nichts und stärken das gegenwärtige System nur noch. Mein Weg ist der Weg des Verzeihens, der Liebe und des Ungehorsams aus Liebe.

Aber ich stehe zur meinem Wissen, dass es im Hintergrund des Weltgeschehens unlichte und feindselige Kräfte gibt, denen es weder um Liebe noch um das Wohlergehen der Erde oder der Menschen geht und deren Machenschaften versuchen, die Menschheit weiter in Illusion und Unterdrückung zu behalten. Darum stört es mich nicht, wenn ich als

«Verschwörungstheoretikerin» bezeichnet werde. Ich würde lediglich ergänzen, dass die unlichte Verschwörung leider keine Theorie ist, sondern eine bittere Wahrheit. Und was den Begriff «Corona-Leugnerin» angeht, so trifft er auf mich nicht zu. Ich leugne ja nicht, dass es ein Corona-Virus gibt. Ich bin allerdings der Ansicht, dass die ganze Geschichte mit der entsprechenden Pandemie und den weltweiten Maßnahmen auf vielen Lügen und Manipulationen gründet, die nicht zum Wohl der Menschheit sind.

Was das Licht dem Unlicht entgegenstellen kann

Frage: Was können diejenigen, die sich für das Licht entschieden haben, konkret dazu beitragen, dass möglichst wenig von den Plänen des Unlichts umgesetzt werden kann?

Antwort: Der erste Schritt besteht darin, dass wir uns bewusst machen, in welchem System wir hier tatsächlich leben. Dieses Bewusstwerden sorgt dafür, dass wir weniger manipulierbar sind und somit besser entscheiden können, was wirklich gut für uns ist und was wir wirklich wollen. Darum sollten wir auch in etwa wissen, was die unlichten Kräfte vorhaben. Denn ihre Pläne funktionieren nur dann, wenn genügend Menschen freiwillig mitmachen. Dabei ist es für das Unlicht bereits ausreichend, wenn die Bevölkerung bloß unbewusst oder unwissend oder aus Angst mitmacht.

Die unlichten Kräfte möchten uns zwar gerne glauben lassen, dass sie auf diesem Planeten die Macht in Händen halten, doch das stimmt nicht. Denn in Wahrheit liegt die Macht in den Händen des Menschheitskollektivs. Wenn genügend viele Menschen bei einer Sache nicht mitmachen, kann der entsprechende Plan auch nicht umgesetzt werden. Aktuell jedoch gibt es noch zu viele Menschen auf der Erde, die von ihrem Bewusstsein her bisher nicht in der Lage sind, aufzuwachen. Eine der Voraussetzungen für das Aufwachen besteht darin, dass man erkennt, was hier wirklich abläuft. Für viele Menschen wäre dieses Erkennen aber noch zu schockierend, so dass sie aus einem oft unbewussten Selbstschutz heraus lieber noch so bleiben, wie sie sind.

Aufgrund dieser individuellen Unterschiede im Prozess des Aufwachens kann es sein, dass wir im Gespräch mit Verwandten, Freunden oder Arbeitskollegen manchmal merken, dass sie unsere Argumente und Beweggründe nicht nachvollziehen können. Ihr derzeitiger Bewusstseinsstand gestattet es ihnen nicht, uns zu verstehen, und daher hat es aus meiner Sicht keinen Sinn, mit ihnen über Themen zu reden, die sie noch nicht verstehen können oder wollen. Wenn wir ihnen unsere Ansichten darlegen und dabei auf Unverständnis oder Ablehnung stoßen, sollten wir nicht weiter diskutieren. Stattdessen können wir in solchen Momenten einfach Mitgefühl und Verständnis für sie zeigen. Sie können gerade gar nicht anders reagieren als mit Ablehnung, denn ihr Bewusstsein lässt mehr noch nicht zu. Vielleicht werden sie irgendwann später in ihrem Leben für eine andere Sichtweise offen sein, oder vielleicht werden ihnen die größeren Zusammenhänge erst dann bewusst, wenn sie nach ihrem Tod ihr Leben in der Rückschau nochmals betrachten. Wenn wir unsere Inkarnation beenden und den physischen Körper verlassen, erlangen wir wieder ein erweitertes Seelenbewusstsein. Oft haben wir erst dann eine klarere Sicht auf die Dinge, weil nach dem Tod gewisse Blockierungen wegfallen, die unser Bewusstsein während der Inkarnation eingeschränkt haben.

Eine weiterer zentraler Aspekt, wie wir uns dem Plan des Unlichts entgegenstellen können, ist dass wir uns mit gleichgesinnten Menschen zusammentun und unsere vereinten Kräfte darauf konzentrieren, schon jetzt gemeinsam eine Art positive Parallelgesellschaft aufzubauen. Es gibt so viele Menschen, die gute Ideen und gute Projekte für neue Formen der Politik, der Wissenschaft, der Medizin, der Landwirtschaft, der Bildung, der Kunst und so weiter haben – sogar mitten in den aktuellen Strukturen des Unlichts. In allen Lebensbereichen haben sich bereits gute Menschen platziert, die daran arbeiten, eine schönere und friedlichere Welt möglich zu machen. So gesehen hat das Licht das herrschende System längst schon unterwandert. Es ist nur noch eine Frage der Zeit, bis all diese Lichtarbeiter aufstehen werden und bis all diese vielen positiven Projekte sich nachhaltig durchsetzen werden.

Auch wenn die unlichten Wesen derzeit noch zahlreiche ungute Dinge planen und umzusetzen versuchen, dürfen wir nicht vergessen, dass wir Menschen diejenigen sind, die die konstruktive und liebevolle Schöpferkraft in uns tragen. Die Wesen des Unlichts entstammen zwar ganz ursprünglich ebenfalls der göttlichen Urquelle, doch sie haben sich schon vor langer Zeit in ihrem Bewusstsein und in ihren Handlungen vollständig von dieser Quelle abgetrennt. Dies führte dazu, dass sie ihr Gewissen, ihr Mitgefühl und ihre Liebeskraft verloren haben, und dadurch verloren sie auch den Zugang zur liebevollen Schöpferkraft. Deshalb sind sie für die Erfüllung ihrer Bedürfnisse darauf angewiesen, sich der Gedanken und Gefühle der Menschen zu bemächtigen. Nur durch dieses Ausnutzen der Energie der Menschen ist es ihnen möglich, sich ihre eigene Wunschrealität zu erschaffen, und genau deshalb begannen sie, hier auf der Erde ein System von Kontrolle und Machtausübung zu errichten. Sie mögen uns Menschen hinsichtlich Technologie und Manipulation überlegen sein, aber wenn es um liebevolle Schöpferkraft geht, sind sie uns Menschen unterlegen und sogar von uns abhängig – jedenfalls dann, wenn ein Mensch bewusst mit der göttlichen Quelle verbunden ist.

Indem wir uns bewusst mit der Quelle verbinden, tragen wir ein Miniteilchen jener liebenden Schöpferkraft in uns, über welche die göttliche Urquelle in unbegrenztem Ausmaß verfügt. Doch sobald sich ein Wesen von dieser Quelle abtrennt, verliert es diese Form der Schöpferkraft. Mit Hilfe dieser göttlichen Schöpferkraft sollten wir daher unser Bewusstsein jetzt auf eine schöne, freie und friedvolle Zukunft richten. Statt bloß auf die herrschenden Probleme und Missstände sollten wir uns besser auf konstruktive Lösungen konzentrieren.

Wie erwähnt ist es wichtig, dass wir uns darüber bewusst werden, in welchem System wir hier leben. Denn je mehr wir das System durchschauen, desto mehr Kraft gewinnen wir, um dieses System abzulösen. Dies beginnt damit, dass wir parallel zum noch herrschenden System eine neue Gesellschaft des Positiven aufbauen. Das aktuelle System kann nicht repariert oder zum Guten gewendet werden. Es braucht einen völlig neuen Ansatz, der auf einem völlig anderen Weltbild und Menschenbild gründet.

Sobald wir uns in konstruktiver Weise mit gleichgesinnten Menschen vernetzen, spüren wir, dass wir nicht alleine sind. Diese Erkenntnis gibt uns Kraft und hilft uns, das Licht zu halten. Wir können hier auf der Erde wundervolle Dinge erschaffen, wenn wir uns mit Gleichgesinnten zusammentun und unser Bewusstsein gemeinsam auf die gleichen Ziele ausrichten. Dass wir gemeinsam in die gleiche Richtung gehen, ist hierbei ganz entscheidend. Natürlich sollte sich jeder einem für ihn stimmigen und authentischen Projekt widmen, aber all die vielen unterschiedlichen Projekte sollten auf das gleiche gemeinsame Ziel ausgerichtet sein. Es spielt auch keine Rolle, wenn wir mit unserem Herzensprojekt zunächst ganz klein anfangen. Lieber etwas Kleines, das funktioniert, als etwas Großes, das nicht umsetzbar ist. Denn wenn das Kleine erst einmal funktioniert, wird dies automatisch andere Menschen inspirieren, sich anzuschließen. So kann aus dem Kleinen rasch etwas Großes werden. Jedes kleine oder große Projekt, das mit einer guten und liebevollen Absicht umgesetzt wird, ist von enormer Wichtigkeit und verstärkt das Licht hier auf dem Planeten.

Wir Lichtarbeiter sind hier, um auf der Erdoberfläche das Licht zu verankern und zu halten. Aber wir können das Licht nur dann halten, wenn wir nicht in der Angst sind. Sobald wir in der Angst sind, fällt es uns schwer, klar zu denken; wir spüren unsere Intuition nicht mehr und fühlen unser Licht nicht mehr. Darum ist es so wichtig, dass wir möglichst bald aus der Angst herauskommen. Dies schaffen wir zum Beispiel dadurch, dass wir uns regelmäßig an einen ruhigen Ort zurückziehen und uns dort auf unseren Lichtkörper zu konzentrieren beginnen. Das wird uns sofort beruhigen, denn unser

Lichtkörper kennt keine Angst, und wo es keine Angst gibt, entstehen automatisch innere Ruhe und Frieden. In dieser Ruhe werden wir auch unsere innere Führung und unser Herz wirklich hören können.

Jeder von uns wird von liebevollen Wesen innerlich geführt, und zwar ununterbrochen und auch unabhängig davon, ob wir uns darüber bewusst sind oder nicht. Allerdings können wir unsere Schutzengel und Geistführer in bestimmten Situationen, die uns beschäftigen, zusätzlich auch bewusst um ihre Führung bitten. Dabei können wir entweder in Gedanken oder auch laut mit unseren feinstofflichen Helfern reden. Selbst wenn wir unsere geistigen Helfer noch nicht hören oder sehen können – sie sind trotzdem immer bei uns, sie hören uns und unterstützen uns.

Doch manchmal verhindern unsere eigenen emotionalen oder verstandesmäßigen Muster und Prägungen, dass wir diese innere Stimme wahrnehmen. So kann es in bestimmten Lebenssituationen vorkommen, dass wir zwar ein tiefes inneres Gefühl wahrnehmen, das uns rät, uns für dieses oder jenes zu entscheiden, dass unser Verstand jedoch Angst vor dieser Entscheidung hat. Der Verstand produziert dann lauter Gründe und Ausreden, warum wir nicht auf unser inneres Gefühl hören, sondern stattdessen einfach unseren angeblich bewährten Mustern folgen sollten. In solchen Momenten brauchen wir Mut, um trotzdem unserer Intuition zu vertrauen und unserem Herzen zu folgen. Der rationale Verstand ist natürlich auch ein nützliches und wichtiges Instrument, aber nicht dadurch, dass er die Führung über unsere Lebensentscheidungen übernimmt. Zuerst sollten wir in unserer eigenen Tiefe genau erspüren und erkennen, was unser Herz, was unsere Seele möchte, und erst dann sollten wir den Verstand hinzunehmen und ihn dafür einsetzen, uns beim Erreichen dessen zu helfen, was das Herz möchte.

Indem wir der Stimme unseres Herzens und unserer Intuition folgen, folgen wir automatisch auch unserem Lebensplan. Dann ist es auch nicht entscheidend, ob wir unseren Lebensplan nun vollständig kennen oder nicht. Die wenigsten

Menschen sind sich über ihren gesamten Lebensplan bewusst, aber das ist kein Problem. Denn solange wir unserem Herzen folgen, befinden wir uns auf dem Weg, den wir uns vor unserer Inkarnation ausgesucht haben – auch wenn wir uns jetzt möglicherweise nicht mehr an den ganzen Weg oder an alle eingeplanten Stationen auf diesem Weg zu erinnern vermögen.

Warum das System des Unlichts schon bald zerfallen wird

Frage: Wie lange wird es deiner Ansicht nach noch dauern, bis die Matrix des Unlichts genügend durchlöchert ist und das herrschende System zusammenbricht?

Antwort: Wie lange es noch dauert, bis die Erde befreit ist, kann ich nicht mit Sicherheit voraussagen. Es hängt mit verschiedenen Faktoren zusammen, insbesondere mit dem kollektiven Bewusstsein der Menschen. Je nachdem, auf welcher Zeitlinie wir uns befinden, werden wir bis dahin auch unterschiedliche Dinge erleben. Wir leben zwar zu einem bestimmten Zeitpunkt jeweils in einer bestimmten Zeitlinie, aber parallel zu dieser gibt es immer auch noch andere Zeitlinien, auf die wir wechseln können, aber nicht müssen. Ob wir die Zeitlinie wechseln, hängt mit dem kollektiven Bewusstsein zusammen und damit, wie die Menschheit auf bestimmte Situationen reagiert und welche Entscheidungen sie trifft.

Das Thema Zeitlinien ist für die meisten Menschen zugegebenermaßen ein wenig schwer zu verstehen, aber das macht nichts. Denn eines ist völlig klar: Egal auf welcher Zeitlinie wir uns befinden mögen – das Unlicht wird in jedem Fall am Ende den Planeten verlassen.

Frage: Wie kannst du dir da so sicher sein?

Antwort: Es gibt ein paar Dinge, die ich mit Gewissheit weiß und derentwegen ich mir sicher bin, dass es am Ende gut sein wird.

Der erste Grund ist, dass die Erde ihre eigene Schwingungsfrequenz immer mehr erhöht – unaufhaltsam und auch unabhängig davon, was sich derzeit gerade auf der Erdoberfläche abspielt. Ich will damit keinesfalls sagen, dass es egal ist, wie wir Menschen mit der Natur umgehen. Selbstverständlich sind wir alle für unser eigenes Verhalten gegenüber den anderen Menschen, den Tieren und Pflanzen sowie der gesamten Natur verantwortlich, und jeder von uns ist aufgefordert, respektvoll und liebevoll mit allem und allen umzugehen. Was ich damit sagen will, ist dass der Aufstiegsprozess des Planeten Erde auf jeden Fall stattfinden wird und nicht aufgehalten werden kann, auch wenn die Zustände auf der Erdoberfläche gegenwärtig etwas seltsam und düster erscheinen. Was immer die Kräfte des Unlichts auch tun werden – es wird die Erde nicht daran hindern, ihre Schwingung zu erhöhen und letztlich von der dritten in die fünfte Dimension aufzusteigen.

Der zweite Grund ist, dass das Licht auf einer bestimmten höheren, feinstofflichen Ebene schon gewonnen hat. Dies hat sich auf der dreidimensionalen, physischen Ebene aber aktuell noch nicht manifestiert. Wir befinden uns gerade in der Zwischenphase, bis die Niederlage des Unlichts auch hier auf der Ebene der dritten Dimension ankommt.

Dass die unlichten Kräfte jetzt derart schnell und überstürzt auf der Erdoberfläche ihre Pläne durchzuziehen versuchen, hängt also damit zusammen, dass sie auf anderen Ebenen gemerkt haben, dass ihnen die Zeit davonläuft. Sie stehen also ihrerseits unter massivem Zeitdruck, und diesen Druck übertragen sie nun auf uns Menschen und servieren ihn uns in Form all dieser fragwürdigen Beschlüsse, Maßnahmen und Inszenierungen. Bis vor Kurzem dachten sie, sie hätten sozusagen unbegrenzt Zeit, um ihre langfristigen Pläne umzusetzen, aber jetzt haben sie festgestellt, dass sie die Erde schon bald werden verlassen müssen. Derzeit hoffen sie noch, dass sie ihre Niederlage vielleicht noch abwenden können und eventuell doch nicht gehen müssen, wenn sie jetzt nur schnell genug sind. So, wie sie strukturiert sind, besteht aus ihrer Sicht ihre einzige Chance darin, alle ihre politischen, wirtschaftlichen und wissenschaftlichen Pläne jetzt so rasch wie möglich durchzusetzen. Unbewusst haben sie große Angst, die Macht und Kontrolle zu verlieren, die für sie in Ermangelung von Liebe ja ihre lebenswichtige Nahrung sind. Deswegen beeilen sie sich derzeit gerade so verzweifelt, was sie in diesem Tempo eigentlich gar nicht vorhatten.

Genau das spüren wir Menschen hier auf der Erde in Form dieses starken Drucks. Die gute Nachricht aber lautet, dass die unlichten Kräfte gar nicht mehr gewinnen können und somit auch mit Sicherheit nicht gewinnen werden. Es ist gar nicht mehr möglich, denn ihre Niederlage ist auf den höheren feinstofflichen Ebenen bereits besiegelt und kann nicht mehr verhindert werden. Dort hat das Licht bereits gewonnen, und dort ist die Erde schon befreit. Aber es dauert nun mal eine gewisse Zeit, bis sich Zustände aus höheren Dimensionen hinunter bis in die tieferen Verdichtungen manifestieren. Die dreidimensional-physische Ebene ist daher die letzte, die befreit werden wird. Aber sie wird mit Sicherheit befreit werden, und deshalb bin ich davon überzeugt, dass am Ende alles gut sein wird.

Aktuell werden die Zustände hier auf der Erdoberfläche gerade nochmals schlimmer, denn die unlichten Kräfte drücken massiv aufs Tempo und zaubern eine Inszenierung nach der anderen hervor. Doch letzten Endes werden ihre Pläne und Wunschvorstellungen sich nicht erfüllen. Ihre Matrix wird zerfallen, und die unlichten Wesen werden ihre Macht abgeben und den Planeten verlassen müssen. Das steht bereits fest. Die Frage ist bloß, was bis dahin noch passieren wird.

Wann genau die Matrix der Illusion zusammenbrechen wird und was bis zu jenem Zeitpunkt noch alles geschehen wird, hängt von uns Menschen, von unserem kollektiven Bewusstsein ab. Es hängt davon ab, wie lange wir als Menschheit im System des Unlichts noch mitmachen oder wann wir damit beginnen, endlich das zu tun, was wir tatsächlich wollen. Je eher es uns gelingt, parallel zum herrschenden System des Negativen eine neue Gesellschaft des Positiven zu errichten, desto eher wird der ganze Spuk vorbei sein. Eine solche Parallelgesellschaft zu organisieren, ist in der Praxis allerdings nicht gerade einfach – vor allem deswegen nicht, weil es momentan auf der Erde so viele verschiedene Bewusstseine gibt. Darum ist es wie erwähnt so wichtig, dass jeder von uns zumindest schon mal bei sich im Kleinen anfängt und kleine Lichtoasen und kleine positive Projekte erschafft.

Der dritte Grund, warum ich mir so sicher bin, ist folgender: Auch das Unlicht ist hierarchisch organisiert, und jene unlichten Wesen, die sich innerhalb der Machtstruktur des Unlichts zuoberst befanden, sind schon entfernt worden. Sie haben keinen Einfluss mehr auf die Erde. Aus meiner Sicht verläuft der Reinigungsprozess vom Unlicht generell von oben nach unten.

Es ist also auch aus diesem Grund gar nicht mehr möglich, dass die unlichten Kräfte auf der Erde gewinnen können: weil ihre Hierarchie gerade von oben nach unten in sich zusammenfällt. Doch diejenigen, die jetzt noch hier sind, wollen einfach nicht freiwillig gehen, und darum veranstalten sie derzeit dieses Chaos auf der Erde – in der Annahme, irgendwie doch schneller zu sein als ihr eigener Zerfall. Das wird zwar nicht funktionieren, aber sie glauben es halt.

Frage: Kannst du die Hierarchie des Unlichts noch etwas genauer beschreiben?

Antwort: Den oberen Teil der unlichten Hierarchie machen die verschiedenen Ebenen von negativen Außerirdischen aus, die keinen dreidimensionalen Körper haben. Teilweise handelt es sich noch um dieselben Wesen, die damals vor Tausenden von Jahren die menschliche DNA manipuliert und die irdische Matrix errichtet haben. Hiervon sind die Wesen, die sich ganz oben an der Spitze befanden, wie erwähnt bereits weggenommen worden. Andere Außerirdische hingegen sind noch da.

Den unteren Teil der Hierarchie des Unlichts machen verschiedene Arten von Dunkelwesen aus wie zum Beispiel unlichte Astralwesen und jene irdischen Wesen, welche die Menschen als Dämonen bezeichnen. Schließlich gehören zu dieser Hierarchie auch diejenigen unlichten Außerirdischen, die nicht feinstofflich, sondern in physischer Menschengestalt hier auf der Erde anwesend sind. Dabei handelt es sich sozusagen um «unmenschliche Menschen», die keinerlei Gewissen, keine Skrupel und kein Mitgefühl besitzen. Sie sind nur sehr kleine Gruppe, aber sie besitzen unfassbar viel Geld und Einfluss. Ihre nahezu unbegrenzten finanziellen Ressourcen ermöglichen es ihnen, praktisch alle Belange der Menschheit zu kontrollieren, und zwar auf allen Kontinenten und in allen Ländern. Diese Drahtzieher kontrollieren auch die Führungsleute, die innerhalb der irdischen Strukturen die wichtigsten Schlüsselpositionen einnehmen – beispielsweise in der Politik, im Bankenwesen, in der Wirtschaft, in der Forschung, im Gesundheitssystem, in den religiösen Institutionen oder in den Medien.

Es heißt, dass die reichsten zwei Prozent der Menschen über etwa gleich viel Geld verfügen wie 95 % der gesamten Menschheit zusammengenommen. Ich kann nicht sagen, ob diese Zahlen von 2 % und 95 % genau so stimmen; vielleicht sind es auch 4 % und 96 %. Entscheidend ist zu verstehen, dass eine kleine Elite das allermeiste Geld kontrolliert und somit auch direkt verantwortlich ist etwa für die globale Armut und Ungerechtigkeit, für Machtmissbräuche jeder Art sowie für alle Kriege und sonstigen Missstände. Denn all diese Dinge finden durch den Einfluss des Geldes entweder statt oder eben nicht statt.

Das Geld selbst ist meines Erachtens nicht das Problem; es ist ja nichts Negatives, sondern es ist gewissermaßen neutral. Die entscheidende Frage ist, wer das Geld hat und was derjenige mit diesem Geld macht. In unserem derzeitigen System wird das Geld meistens für Dinge eingesetzt, die nicht positiv sind, und aus diesem Grund halten manche Menschen das Geld an sich für etwas Schlechtes. Doch ob Geld ein Problem ist oder nicht, hängt von den Leuten ab, die es verwenden. Wir können unser Geld auch für positive Dinge nutzen. Leider aber hat die globale Finanzelite nicht gerade das höchste Wohl von allen im Blick.

Diese kleine elitäre Gruppe hinter den Kulissen des Weltgeschehens ist jedoch bei Weitem nicht die wahre Spitze der Hierarchie des Unlichts. Denn wie gesagt stehen oder standen zuoberst negative Außerirdische aus einem anderen Sternensystem, die den Planeten Erde kontrollieren und die Menschheit energetisch ausbeuten wollten und dies über Jahrtausende auch getan haben. Die reichsten und mächtigsten Menschen dieser Erde sind letztlich nichts anderes als Befehlsempfänger dieser feindlichen außerirdischen Besatzungsmächte.

Frage: Was geschieht mit den unlichten Machthabern, wenn ihre Matrix zusammengebrochen sein wird und sie den Planeten verlassen müssen?

Antwort: Die feinstofflichen unter ihnen werden vollständig aus dem Energiefeld der Erde entfernt und müssen ihren Einfluss auf allen Ebenen aufgeben. Dieser Prozess ist wie beschrieben bereits in vollem Gange. Und was diejenigen betrifft, die physisch hier auf der Erde inkarniert sind, so habe ich über ihr Schicksal kein gesichertes Wissen. Ich vermute allerdings, dass ihre individuelle Bewusstseinsfrequenz und ihr persönliches Verhalten darüber entscheiden werden, was mit ihnen geschieht. Bei manchen von ihnen besteht möglicherweise die Verbindung zur Liebesurquelle noch und ist lediglich etwas zugedeckt, während bei anderen diese Verbindung tatsächlich abgerissen ist. Entsprechend wird es wohl individuelle Unterschiede geben.

Die Anwesenheit der positiven Außerirdischen

Frage: Neben den offensichtlich feindseligen und «bösen» Außerirdischen gibt es sicherlich auch viele gute Außerirdische. Magst du dazu etwas sagen?

Antwort: Ja, es gibt – alleine schon in unserer Galaxie – unzählig viele verschiedene außerirdische Zivilisationen und Wesen. Unter ihnen gibt es solche, die der Liebe und dem Licht dienen, und solche, die sich für das Unlicht entschieden haben. In beiden Kategorien gibt es solche, die wie wir einen physischen, also dreidimensionalen Körper haben, und solche, die einen feinstofflichen, also höherdimensionalen Körper haben. Manche von ihnen sind auch in der Lage, die Dichte ihres Körpers willentlich zu verändern und anzupassen, so dass sie in verschiedenen Dimensionen leben können.

Für die zuvor erwähnten unlichten Außerirdischen, die mit Hilfe ihrer überlegenen Technologie seit Jahrtausenden die Erdenmenschheit kontrollieren und ausbeuten, sind wir Menschen nichts weiter als Sklaven, mit denen sie tun und lassen können, was sie wollen. Ähnlich skrupellos und unschön, wie viele Menschen heutzutage mit Tieren umgehen, gehen diese unlichten Außerirdischen mit uns Menschen um.

Aber es gibt auch sehr viele außerirdische Zivilisationen, die uns wohlgesonnen sind und die nicht nur in Bezug auf ihre Technologie, sondern auch auf ihre Schwingungsfrequenz und ihren Bewusstseinsstand viel, viel weiter entwickelt sind als wir. Auch wenn viele Menschen sich das vielleicht nicht vorstellen können, weil man in den Schulbüchern und in den Medien davon nichts erfährt: Da draußen im Universum gibt es unzählige hoch entwickelte, auf das Göttliche ausgerichtete spirituelle Zivilisationen, die sowohl liebevoller als auch mächtiger sind als die Wesen in den unlichten Hierarchien. Viele von ihnen wissen, dass es uns, die Erdenmenschheit, gibt, und sie sehen auch, dass wir hier gerade einige Probleme haben. So haben sich einige dieser lichtvollen Zivilisationen zusammengeschlossen, um uns zu unterstützen. Manche von ihnen reisen, nebenbei gesagt, in riesigen Raumschiffen, die derzeit in unserem Sonnensystem stationiert sind – und zwar nicht nur feinstoffliche, sondern auch grobstoffliche Schiffe.

Diese mächtigen Licht-Zivilisationen dürfen aber nicht einfach so in das irdische Geschehen eingreifen, denn sie respektieren gemäß kosmischem Gesetz den freien Willen aller Bevölkerungen. Da sie somit auch den freien Willen des Menschheitskollektivs beachten, dürfen sie sich nur in dem Maße einbringen, in dem wir Menschen sie bewusst dazu einladen und es ihnen bewusst erlauben.

Das bedeutet: Je mehr wir Menschen das herrschende System durchschauen und erkennen, welches Spiel hier auf der

Erde gespielt wird, und je entschlossener wir uns bewusst dafür entscheiden, dass wir diese Unterdrückung und Ausbeutung durch das Unlicht nicht mehr wollen, sondern stattdessen eine heile, schöne und freie Welt, desto mehr können die wohlgesonnenen Zivilisationen eingreifen und uns helfen – besonders dann, wenn wir sie ausdrücklich um ihre Hilfe bitten. Auf welche Art und Weise sie uns bereits jetzt helfen, ist uns häufig gar nicht bewusst. Zum Beispiel gibt es Berichte von ehemaligen Angehörigen der US-Luftwaffe, die glaubhaft bezeugen, dass Außerirdische zu verschiedenen Anlässen eingegriffen und abschussbereite Atomwaffen kurzerhand ausgeschaltet haben. Über solche Ereignisse wird die Öffentlichkeit jedoch kaum je informiert.

Manchmal fragen die Leute, warum die positiven Außerirdischen nicht einfach für uns alle sichtbar auf der Erde landen und uns Menschen befreien. Ein Grund dafür ist wie erwähnt, dass sie erst dann eingreifen dürfen, wenn eine Mehrheit der Menschen sie bewusst dazu einlädt und sie ausdrücklich um ihre Hilfe bittet, was bisher ja nicht der Fall ist. Denn dieses bewusste Einladen der Lichtkräfte setzt voraus, dass die Menschen zuerst erkennen, dass sie in einem System leben, in dem sie von bösartigen Kräften unterdrückt und ausgebeutet werden. Erst wenn sie dies wirklich verstehen und sich dann bewusst dafür entscheiden, dass sie dieses System nicht mehr wollen, sind sie bereit für eine grundlegende Veränderung. Solange man denkt, die Zustände seien zwar schon etwas leidvoll, aber im Großen und Ganzen doch irgendwie in Ordnung, sieht man keine Notwendigkeit für tiefgreifende Änderungen im System. Erst wenn die Menschen bereit sind, tatsächlich eine völlig neue Art und Weise des Zusammenlebens zu wollen, werden sie die positiven Außerirdischen um Hilfe und Unterstützung bitten.

Ein anderer Grund ist, dass die Menschheit in ihrem Bewusstsein überhaupt für eine Begegnung mit liebevollen Außerirdischen offen sein muss. Die meisten jener wenigen Menschen, die im Moment überhaupt an die Existenz von Außerirdischen glauben, haben Angst vor ihnen, weil sie durch die Propaganda der Filmindustrie oder der Science-Fiction-Comics denken, alle Außerirdischen seien böse und wollten die Menschheit angreifen, versklaven oder auffressen. Die Tatsache, dass es auch wohlwollende und liebevolle außerirdische Zivilisationen gibt, kommt in den Büchern und Filmen ja so gut wie nicht vor. Nebenbei gesagt ist es ein wenig absurd: Es gibt ja tatsächlich böse und feindselige Außerirdische, die die Erde in Besitz nehmen und die Menschen versklaven wollen, doch genau sie sind ja bereits längst hier und sind unter anderem auch dafür verantwortlich, dass die Menschen dieses einseitige, angstmachende Bild von Außerirdischen haben. Durch diese einseitige Programmierung wäre es im Moment noch so, dass die Mehrheit der Menschen selbst den positiven Außerirdischen gegenüber misstrauisch und ängstlich wäre, und dies ist ein weiterer Grund dafür, warum sie noch nicht mit ihren Raumschiffen landen und sich zeigen.

Außerdem wollen auch die Spitzen der Militärs das verständlicherweise nicht und versuchen es, solange sie noch an der Macht sind, aktiv zu verhindern. Würden die positiven Außerirdischen einfach so landen, würden die Militärs sie sofort angreifen, und eine solche Konfrontation suchen liebevolle Wesen nicht. Übrigens gibt es auch in den Reihen der Militärs erfreulicherweise bereits Gruppen von Menschen, die zur lichten Seite gehören und die daran arbeiten, in Zukunft eine friedlichere Welt zu ermöglichen.

Irgendwann werden sich die lichtvollen Außerirdischen den Menschen zeigen – wenn wir keine Angst mehr vor ihnen haben und wenn wir als Menschheitskollektiv bereit für die Begegnung mit ihnen sind und sie bei uns ausdrücklich willkommen heißen, damit sie uns helfen, das System des Unlichts zu beseitigen. Irgendwann später könnte die Menschheit sogar in die galaktische Gemeinschaft des Lichts aufgenommen werden. Doch das ist erst dann möglich, wenn die Menschheit wieder vollständig friedlich ist und sich nicht mehr selbst bekriegt.

Auch wenn die positiven Außerirdischen sich im Moment noch nicht zeigen, helfen sie uns dennoch in vielerlei Hinsicht.

So treffen sie gewisse Vorkehrungen sowohl im Sonnensystem als auch in den feinstofflichen Sphären der Erde. Die Menschheit ist also nicht alleine und wird auch in ihrer Befreiung und in ihrem anschließenden Aufstieg nicht alleine gelassen. Im Gegenteil: Wir sind umgeben von hoch entwickelten, liebevollen Zivilisationen, die ein wohlwollendes Auge auf uns haben und die sowohl fähig als auch bereit sind, uns beim Loswerden der außerirdischen Besatzungsmacht beizustehen. Wäre die Erdenmenschheit auf sich alleine gestellt, ohne diese liebevolle Hilfe und Unterstützung durch positive Außerirdische, dann wäre sie aus meiner Sicht schon längst ausgestorben. Wir hätten uns entweder selbst ausgelöscht, oder wir wären ausgelöscht worden – oder beides zusammen. Allein die Tatsache, dass die Menschheit immer noch existiert und dass mittlerweile überall auf der Welt Millionen von Menschen am Aufwachen sind, ist für mich ein deutlicher Beweis dafür, dass nebst den dunklen Mächten auch sehr viele lichtvolle Kräfte anwesend sind.

Genauso, wie negative Außerirdische sich in Menschengestalt auf die Erde inkarnieren können, so gibt es auch positive Außerirdische, die sich als Menschen inkarnieren. Dies ist eine weitere Form, wie sie der Menschheit helfen. Viele Menschen, die derzeit schon hier auf der Erde sind oder die demnächst noch kommen werden, um der Weltbevölkerung beim Aufstieg zu helfen, stammen gar nicht von der Erde, sondern sind von anderen Planeten eigens deswegen hierher gekommen.

Natürlich stammt keine Seele ursprünglich von der Erde, denn alle Seelen im gesamten Universum entstammen derselben göttlichen Urquelle. Dennoch kann man sagen, dass manche Seelen sich auf ihrer individuellen Reise durch den Kosmos schon öfters in dem einen oder anderen Sternensystem oder auf dem einen oder anderen Planeten aufgehalten haben. So gibt es Seelen, die schon häufig auf der Erde inkarniert waren und gewissermaßen hier heimisch sind, während andere nur selten oder bisher noch gar nie die Erde besucht haben. Dies erklärt auch, warum manche Menschen sich bewusst oder unbewusst stärker mit der Erde als ihrer Heimat identifizieren als andere. Im Moment ist es zwar noch so, dass die meisten Seelen mit Beginn ihrer irdischen Inkarnation vergessen, welche Erfahrungen sie in früheren Existenzen gesammelt haben, doch in ihrem Unterbewusstsein sind diese Erfahrungen eben immer noch gespeichert und vorhanden.

Ich finde, dass die Anwesenheit nicht nur der um die Erde herum stationierten positiven Außerirdischen, sondern auch der als Menschen hier inkarnierten Lichtwesen zwei äußerst gute Zeichen sind. Daraus können wir alle große Kraft, Hoffnung und Zuversicht schöpfen. Vielleicht können wir uns in diesen seltsamen Zeiten nicht immer vorstellen, wie es überhaupt funktionieren soll, dass am Ende tatsächlich alles gut sein wird, aber aus meiner Sicht wären nicht so viele Lichtarbeiter hier, wenn es dafür keine berechtigte Hoffnung geben würde.

Das Universum verschwendet keine Energie. Wäre die Situation also hoffnungslos, so wären die Lichtarbeiter nicht so zahlreich hierher gekommen. Auf der Ebene unseres Höheren Selbst haben wir einen größeren Überblick über Geschehnisse, und daher sind wir als Seele fähig, ein Stück weit in die Zukunft zu schauen, indem wir sozusagen vorausberechnen, welche Entscheidungen und Entwicklungen am wahrscheinlichsten sind. Wäre es aus dieser höheren lichtvollen Perspektive also nicht klar, dass das Vorhaben gelingen wird und dass am Ende alles gut sein wird, dann hätten sich die Lichtarbeiter nicht in so großer Anzahl dafür entschieden, jetzt hierher zu kommen, um die Menschheit in ihrer Befreiung vom Unlicht zu unterstützen.

Wir haben nicht so lange durchgehalten, um jetzt aufzugeben!

Frage: Was ist aus deiner Sicht das Beste, das wir tun können in dieser Zeitphase, in der der Druck des Unlichts noch so hoch ist und in der die aktuellen Machthaber auf Biegen und

Brechen versuchen, ihre Pläne doch noch irgendwie durchzudrücken?

Antwort: Ich kann es nur immer wieder betonen: Das Beste ist, uns mit Gleichgesinnten zu vernetzen und schon jetzt damit zu beginnen, eine positive Parallelgesellschaft aufzubauen – so gut es unter den aktuellen Umständen eben möglich ist. Zudem ist es wichtig, dass wir standhaft bleiben und jetzt nicht aufgeben. Wir haben nicht so lange durchgehalten, um jetzt aufzugeben! Wir sind hier, um uns das menschenwürdige Erdenleben zurückzuholen, das das Unlicht uns gestohlen hat. Dieses Ziel sollten wir uns stets vor Augen führen. Zuversicht dafür können wir aus der Erkenntnis schöpfen, dass es bereits jetzt so viel Schönes und Gutes hier auf der Erde gibt und dass uns in der Zukunft noch viel mehr Schönes und Gutes erwartet.

Mir ist bewusst, dass dies für uns alle eine schwierige Zeit ist, in der viel Druck und viel Schwere herrscht und in der viele Menschen leiden. Lasst uns aber eines nicht vergessen: Wenn wir durch diese Phase durch sind, werden wir so viel freier sein, um hier auf diesem Planeten gemeinsam etwas Positives aufzubauen! Doch bis dahin sind wir aufgefordert durchzuhalten und zu versuchen, mit möglichst gutem Bewusstsein diese Zeitphase zu überstehen.

Es mag manchmal Momente geben, in denen wir kraftlos werden und mit dem Gedanken spielen, nachzugeben oder sogar aufzugeben. In solchen Momenten sollten wir uns fragen: «Warum habe ich überhaupt angefangen? Warum war ich als unsterbliche Seele überhaupt bereit, mich immer wieder hierher auf die Erde zu inkarnieren? Und warum habe ich wohl alle diese Inkarnationen lang bis zum heutigen Tag in der Matrix des Unlichts ausgeharrt?» – Der Grund für all das muss ja wichtig genug gewesen sein, um diese ganze Mühe auf uns zu nehmen. Also sollten wir jetzt auch weitermachen und das letzte Wegstück bis zu guter Letzt noch durchhalten. Wenn wir jetzt aufgeben würden, wäre unsere ganze lange Mühe vergeblich gewesen, und das wäre echt schade. Ich bin mir sicher, dass wir später, wenn alles vorbei sein wird, zurückblicken und sagen werden: «Ja, es hat sich gelohnt, dass wir standhaft geblieben sind und durchgehalten haben.» Ich glaube nicht, dass wir uns diesen ganzen Schwierigkeiten aussetzen würden, wenn wir nicht auf der Ebene des Höheren Selbst bereits wüssten, dass es sich am Ende lohnen wird. Doch während man in solchen Erfahrungen drin steckt, kann man sich das mit einer dreidimensionalen Sichtweise häufig nicht vorstellen, weil man die größeren Zusammenhänge nicht erkennt – vor allem dann nicht, wenn die Erfahrung schon so lange Zeit, schon so viele Inkarnationen andauert.

In kraftlosen Momenten, wenn uns Zweifel überkommen, sollten wir uns gegenseitig Mut machen und uns gegenseitig in unserem Durchhaltewillen bestärken. Es kann sehr wohl sein, dass es auf der physischen Ebene in näherer Zukunft nochmals schlimmer und mühsamer wird. Auf den höheren feinstofflichen Ebenen jedoch geschehen bereits viele gute Dinge. Dort sind die positiven Außerirdischen bereits dabei, die Atmosphäre vom Unlicht zu reinigen und die nächsten Schritte für die Menschheit vorzubereiten, aber hier auf der physischen Ebene merken die meisten Menschen davon noch nichts. Wir sind hier sozusagen das irdische «Bodenpersonal» der Lichtkräfte, und dieses Bodenpersonal befindet sich vor allem in den vergangenen Jahren in einem massiven Belagerungszustand. Mit Vertrauen, Durchhaltekraft und gegenseitiger Unterstützung werden wir auch noch diese letzte schwierige Zeit überstehen, bis alles besser wird.

Es ist wichtig, dass wir mit einer höheren Sichtweise und mit Hilfe von Klarheit und Wissen aus dem Gefühl der Ohnmacht herauskommen. Dieses Wissen lautet: Wir sind nicht ohnmächtig gegenüber dem System des Unlichts. Wir können etwas tun, denn als Schöpferwesen haben wir die Macht, Dinge mit der Kraft der Liebe zu verändern. In diesem Bemühen sind wir nicht alleine, sondern jederzeit umgeben von liebevollen Unterstützern auf allen Ebenen. Und am Ende wird mit Sicherheit alles gut sein.

Nach dem Zusammenbruch
des unlichten Systems

Frage: Was werden deiner Ansicht nach die ersten Dinge sein, die passieren, nachdem das System des Unlichts zusammengebrochen ist? Woran wird die Bevölkerung spüren, dass das Unlicht seine Macht verloren hat?

Antwort: Eine der ersten Veränderungen, die man sehr schnell wird spüren können, ist dass alles sich energetisch anders anfühlen wird. Wir alle werden uns vom Moment der Befreiung der Erde an viel leichter und freier fühlen. Nach dem Weggang des Unlichts wird es für alle Menschen, die sich für das Gute einsetzen und die das Licht verbreiten wollen, viel einfacher sein, denn es wird keine gezielte Unterdrückung von lichtvollen Dingen mehr geben, wie wir sie gegenwärtig noch erleben.

Wie lange es dauern wird, bis sich die Befreiung auf der dreidimensionalen Ebene konkret bemerkbar macht und sich die Zustände im Physischen tatsächlich ändern werden, weiß ich nicht genau. Ich kann mir aber gut vorstellen, dass man gewisse konkrete Veränderungen relativ schnell bemerken wird. Ich möchte hierfür nur ein paar wenige Beispiele aufzählen, die mir gerade einfallen, doch ist diese Aufzählung längst nicht vollständig. Wahrscheinlich wäre die Liste auch viel zu lange, wenn man alles aufzählen wollte.

Wenn die Erde vom Einfluss des Unlichts befreit ist, werden auch die sogenannten Mainstream-Medien anfangen, über Themen anders zu berichten, da sie nicht mehr für Manipulation und Falschinformation eingesetzt werden, sondern für das Berichten der Wahrheit. Dies könnte für einige Menschen eine größere Umstellung bedeuten – vor allem dann, wenn gewisse Aspekte der Wahrheit nicht in ihr bisheriges Weltbild passen. Ich vermute allerdings, dass auch dann die vollständige Wahrheit nicht sofort offenbart wird, sondern dass sie stückchenweise preisgegeben wird, so dass die Bevölkerung nach und nach die größeren Zusammenhänge verstehen und sich daran gewöhnen kann.

Ein nächster Punkt sind die zahlreichen Krisen, Konflikte und Kriege, unter denen die Menschheit nach wie vor überall auf der Welt leidet. Die meisten von ihnen werden nach dem Weggang des Unlichts sofort beendet werden können. Denn die Mehrzahl der Kriege existiert nur deshalb, weil die Machthaber sie zur Durchsetzung ihrer Interessen begonnen haben und sie mit ihrem Geld immer weiter am Laufen halten. Wenn die unlichten Eliten nicht mehr aktiv sind, werden auch ihre Kriege verschwinden. Erst dann kann wirklicher Weltfrieden entstehen.

Anfangs wird wahrscheinlich noch der eine oder andere Konflikt weiter bestehen, weil gewisse Menschengruppen sich untereinander nicht verstehen. Denn wenngleich die Wesen des Unlichts irgendwann weg sein werden, werden immer noch die Menschen hier sein mit ihren unterschiedlichen Schwingungen und Bewusstseinsausrichtungen. Doch je bewusster das Menschheitskollektiv wird und je mehr wir zu erkennen beginnen, dass wir eine gemeinsame Zivilisation sind und dass es keinen Sinn ergibt, uns gegenseitig zu bekämpfen, desto rascher werden diese Konflikte gelöst werden können. Mit Meinungsverschiedenheiten und unterschiedlichen Wünschen und Bedürfnissen kann man auch konstruktiv umgehen, ohne dass man sich bekämpfen muss. Nach der Befreiung wird auch dies einfacher sein, da es keine Strippenzieher im Hintergrund mehr geben wird, die ein Interesse daran haben, überall Zwietracht und Streit zu säen und zu schüren. Dennoch wird es vermutlich eine Weile dauern, bis alle Menschen zu dieser Einsicht gelangen, denn wir haben ein friedliches, gewaltfreies Zusammenleben in den vergangenen Jahrtausenden gar nie wirklich gelernt. Doch irgendwann wird die Menschheit den Punkt erreichen, an dem wir alle wieder bewusst mit der Liebe verbunden sind, die wir eigentlich von unserem innersten Kern her sind, und ab dann wird es automatisch keine Gewalt mehr geben.

Ein letzter Punkt, den ich erwähnen möchte, betrifft die neuen Technologien, zu denen wir nach der Befreiung Zugang bekommen werden. Dinge wie etwa die «freie Energie» und ähnliches sind zwar schon lange bekannt, doch werden sie von den derzeitigen Machthabern vor der Bevölkerung geheim gehalten. Denn die unlichten Kräfte haben kein Interesse daran, dass die Menschen über freie Energie verfügen. Die Abhängigkeit von Energiequellen, die vollständig vom herrschenden System kontrolliert werden, ist gewollt und ist ein Teil der Manipulationsstrategie. Durch den Zugang zu freier Energie werden die Menschen in Zukunft unabhängig von fossilen Brennstoffen und vom heutigen Stromnetz sein.

Es wird auch noch eine Vielzahl an anderen Technologien geben, die uns die Lichtwesen zur Verfügung stellen werden. So wird es beispielsweise Kommunikationsgeräte geben, die keine schädliche Strahlung aussenden, und noch so einiges mehr. Zudem wird es auch ein völlig neues Finanzwesen geben, das auf ganz anderen Werten basiert als das heutige, ebenso auch neue politische und wirtschaftliche Strukturen. Kurz gesagt werden sich nach dem Wegfall des Unlichts sämtliche Systeme, die wir aktuell haben, komplett zu verändern beginnen. Alles wird neu ausgerichtet werden – von der Manipulation hin zum gegenseitigen Respekt, von der Ausbeutung hin zur Gerechtigkeit, vom Destruktiven hin zum Konstruktiven.

Dies war wie gesagt bloß eine sehr kurze und unvollständige Aufzählung. Denn zu guter Letzt wird sich nach der Befreiung der Erde einfach *alles* ändern. Alles wird viel freier und schöner sein als jetzt.

Zerstörung und Heilung der Natur

Frage: Viele Menschen machen sich heutzutage große Sorgen um die fortschreitende Umweltzerstörung. Unsere Gesellschaften haben in den vergangenen Jahrzehnten derart viele Schadstoffe in die Natur entlassen, dass inzwischen fast die gesamte Luft verpestet, die Böden verseucht und die Meere und anderen Gewässer mit Chemikalien und mit Müll vergiftet sind. Was kannst du aus spiritueller Sicht zu diesem Thema sagen?

Antwort: Ich finde es traurig, was die Menschen unserer Mutter, der Natur, antun. Und ich begrüße es sehr, wenn sich Menschen, vor allem junge Menschen, für den Schutz der Umwelt engagieren. Die Tiere, die Pflanzen, die ganze Natur – wir tragen als Menschen eine Verantwortung für sie, und sie alle brauchen unseren Schutz und unsere Zuneigung.

Wenn man sich ernsthaft für den Umweltschutz einsetzen möchte, sollte man jedoch auch nicht naiv sein und einfach blind alles glauben, was die Wissenschaft und die Politik uns erzählen. Es sind auch hier, wie in allen anderen Bereichen des unlichten Systems, viele Lügen und Halbwahrheiten dabei, um das Bewusstsein und die Energie der Menschen in eine bestimmte Richtung zu lenken – in diesem Fall die Energie der Umweltschützer. Sie glauben dann, sie würden mit ihrem Einsatz etwas Gutes tun und der Natur tatsächlich helfen, dabei trifft dies in vielen Fällen gar nicht vollständig zu.

Ein Beispiel dafür ist die Erzählung, dass wir wegen eines zu hohen CO_2-Gehalts in der Erdatmosphäre eine globale Klimaerwärmung haben. Das stimmt so nicht ganz. Denn CO_2 war im Grunde nie das Problem; man erzählt es uns nur, damit man uns in Angst und in Streit versetzen und uns auf diese Weise lenken kann. Offensichtlich ändert sich das Klima auf der Erde gerade, keine Frage, doch das ist nicht das erste Mal. Die Erde ist ein lebendiger Organismus und hat sich auch in der Vergangenheit schon öfters verändert, einschließlich etlicher Klimaveränderungen. Daran ist nicht das CO_2 schuld. Ich finde, wir können bezüglich der aktuellen Klimaveränderungen ruhig der Erde vertrauen, dass sie schon weiß, was sie tut, und wir sollten ihr nicht feindselig oder mit Angst begegnen.

Eine völlig andere Sache ist die von Menschen verursachte, mutwillige und gewissenlose Zerstörung der Natur, der Luft, der Böden und der Meere. Hier sollten wir endlich Mitgefühl mit der Erde zeigen und unser destruktives Verhalten ändern. Was wir also wirklich dringend brauchen, ist ein konsequenter Umweltschutz. Was wir jedoch nicht brauchen, ist ein angeblicher Klimaschutz auf der Grundlage der CO_2-Klimawandel-

Geschichte, die einige Wissenschaftler und Politiker sich im Auftrag ihrer Hintermänner ausgedacht haben, um deren Ziele zu verfolgen.

Umweltschutz bedeutet für mich, dass wir liebevoll dafür Sorge tragen, dass unsere Umwelt wieder gesund und heil wird und dass sie auch in Zukunft gesund und heil bleibt. Dies liegt in unserem Verantwortungsbereich, denn schließlich sind wir Menschen es, die die Luft, die Böden und die Meere nutzen. Das Klima der Erde hingegen liegt nicht in unserer Verantwortung, und die Erde wird das schon so regeln, wie sie es für richtig hält. Unser Beitrag ist es, mit der Erde und mit der Natur gut umzugehen und unsere Umwelt nicht weiter zu vergiften. Wir vergiften die Natur derzeit auf so vielen verschiedenen Ebenen und mit so vielen verschiedenen Giften – sowohl mit öffentlich bekannten als auch mit weniger bekannten wie etwa mit Chemtrails und ähnlichem.

Irgendwann wird auch die mutwillige Manipulation des Wetters aufhören müssen, doch das wird wahrscheinlich erst dann sein, wenn sämtliche unlichten Wesen den Planeten verlassen haben werden. Bis dahin werden sie wohl weiterhin skrupellos das Wetter manipulieren. Auch diese Machenschaften gehören zu den Dingen, die in der Öffentlichkeit größtenteils unbekannt sind, die man aber unter dem Stichwort «Wettermanipulation» leicht recherchieren kann.

Frage: Manchmal hört man, dass besorgte Forscher sagen, die Verschmutzung des Planeten sei bereits so weit fortgeschritten, dass selbst dann, wenn alle Länder der Welt ab morgen keine Gifte mehr in die Umwelt entlassen würden, es noch viele Jahrzehnte dauern werde, bis sich die Natur wieder einigermaßen von den bestehenden Schäden erholt hätte. Wie siehst du das?

Antwort: Ich sehe das deutlich optimistischer und angstfreier. Glücklicherweise weiß ich, dass es höherdimensionale Technologien gibt, mit deren Hilfe es möglich ist, in relativ kurzer Zeit die verschmutzten Böden und Gewässer und die Luft wieder zu reinigen und die Natur zu heilen. Über solche

Technologien verfügen beispielsweise bestimmte liebevolle Zivilisationen, die in der Inneren Erde leben, oder auch solche, die auf anderen Planeten leben. Ihre Technologien sind lichtvoll, stehen im Einklang mit der Natur und richten keine Schäden an.

Auch wir Menschen haben bereits Zugang zu Technologien, die nicht schädlich sind – nicht nur die freie Energie, sondern auch noch andere, die dem Leben auf der Erde gut tun würden, wenn man sie richtig einsetzen würde. Gewisse Militärs zum Beispiel betreiben ganze Abteilungen, die sich mit hoch entwickelten Technologien befassen, welche unter anderem auch imstande sind, die verschmutzte Erdoberfläche zu reinigen. Allerdings werden diese Technologien vor der Bevölkerung bewusst geheim gehalten, da auch die ständige Angst vor der Zukunft ein Teil der unlichten Pläne ist. Zudem wollen die unlichten Kräfte ja nicht, dass die Menschen etwa in den Genuss kostenloser Energie kommen, denn dann könnte man sie nicht mehr über die Energiepreise kontrollieren. Ebenso wenig wollen sie eine gesunde und starke Bevölkerung, weshalb man sie nur Technologien benutzen lässt, die schädliche Strahlungen aussenden oder auf andere Weise die Gesundheit schädigen und die Menschen schwächen. Wie gesagt, die Drahtzieher der unlichten Kräfte sind nicht wirklich nette Wesen. Sie sind unmenschlich, gefühllos und gewissenlos. Nur dadurch ist es zu erklären, warum sie uns Menschen und der Erde alle diese Dinge antun.

Die Natur verfügt zudem auch über Selbstheilungskräfte. Sobald die Menschheit aufhören würde, ihr fortwährend Schaden zuzufügen, und ihr so eine Verschnaufpause gönnen würde, könnte sie damit beginnen, sich selber wieder zu heilen. Auch der menschliche Körper besitzt Selbstheilungskräfte, und auch für die menschliche Gesundheit existieren zahlreiche lichtvolle Methoden und Technologien, mit denen man vieles wird heilen können. Bereits jetzt gibt es Menschen mit guten Ideen und Projekten, wie man die Gesundung der Natur und der Menschheit unterstützen und das Gleichgewicht wiederherstellen kann. Sobald das Unlicht den Planeten verlässt, werden wir wieder Zugang zu ganz vielen dieser wunderbaren Dinge bekommen.

Wir können also auch in dieser Hinsicht getrost die Schwingung der Angst verlassen und darauf vertrauen, dass alles gut werden wird. Die Erde ist nicht verloren, die Natur ist nicht unwiederbringlich zerstört, und das Leiden und das Elend werden ein Ende finden. Früher oder später werden wir Menschen als Kollektiv erkennen, welche Fehler wir gemacht haben, und sobald wir bereit sind, diese Fehler wiedergutzumachen, werden wir alle diese Lösungen finden und alles wieder in Ordnung bringen. Zahlreiche höherdimensionale Zivilisationen werden uns dabei unterstützen. Manche Reinigungsprozesse werden nicht innerhalb eines Tages vonstatten gehen, aber es wird auch nicht Jahrzehnte dauern.

Vorkehrungen für unsichere Zeiten

Frage: Gehen wir nochmals einen Schritt zurück in die Gegenwart. Du sagtest, dass es sein könne, dass es auf der physischen Ebene nochmals schlimmer und mühsamer werde. Drei der in diesem Zusammenhang diskutierten Szenarien für die nähere Zukunft beinhalten, dass es entweder zu einem sogenannten «Blackout» kommen könnte – also zu einem totalen, flächendeckenden Stromausfall –, oder aber dass es zu einer neuerlichen globalen Gesundheitskrise oder gar einem großen Krieg kommen könnte. Alle drei Szenarien könnten einen kompletten Zusammenbruch der kritischen Infrastruktur zur Folge haben. Hältst du solche Szenarien für wahrscheinlich? Und sollten wir dagegen irgendwelche Vorkehrungen treffen?

Antwort: Sicherlich beinhalten die Pläne der unlichten Kräfte auch solche extremen Dinge, um nochmals möglichst viel Chaos anzurichten und überall auf der Welt Angstenergien zu erzeugen. Ob es ihnen gelingen wird, alle ihre Pläne noch umzusetzen, bevor die Erdoberfläche befreit wird, ist nicht sicher, aber sie werden es auf jeden Fall versuchen. So, wie es aktuell aussieht, könnte es tatsächlich erst einmal nochmals schlimmer werden – angesichts der verzweifelten Dunkelwesen, die das herrschende System unbedingt noch aufrecht erhalten wollen, und angesichts des Bewusstseins so vieler Menschen, die noch weiterschlafen wollen und die allem einfach blind folgen. Aus diesem Grund kann es nicht schaden, wenn wir uns auf eventuelle Stromausfälle oder Versorgungsengpässe vorbereiten und einige Notvorräte anlegen.

Frage: Manche argumentieren in diesem Zusammenhang, dass solche Vorbereitungen einem niederen Bewusstsein der Angst entspringen und dass spirituelle Menschen so etwas nicht nötig haben. Wie siehst du das?

Antwort: Vorsorge muss nicht unbedingt aus dem Bewusstsein der Angst kommen. Es kann auch einfach Klugheit sein.

Angenommen, unser Schutzengel rät uns, heute mal nicht den gewohnten Weg zu gehen, sondern eine andere Straße zu nehmen. Das tut er ja nicht aus Angst, sondern weil er so weitsichtig und so klug ist, dass er erstens erkennt, dass eine Gefahr droht, und zweitens weiß, wie wir diese Gefahr umgehen können. Ähnlich verhält es sich mit dem Treffen von Vorkehrungen und dem Anlegen von Notvorräten. Wir können es ohne Angst einfach deswegen tun, weil es weitsichtig und klug ist und weil die gegenwärtige Weltsituation so aussieht, dass tatsächlich gewisse Gefahren drohen.

Die Frage ist hier – wie übrigens bei allem –, mit welcher Energie, mit welcher Absicht und mit welchem Gefühl wir etwas tun. Es besteht auf der energetischen Ebene ein großer Unterschied, ob wir uns aus Angst oder aus Klugheit auf unsichere Zeiten vorbereiten. Wenn wir uns aus Klugheit auf ein mögliches Szenario vorbereiten, nähren wir damit dieses Szenario energetisch nicht, da wir zwar für eine gewisse Zeit unsere Gedanken darauf gerichtet haben, die Schwingung der Angst mit unseren Gefühlen jedoch nicht unterstützen. Nachdem wir in diesem Bewusstsein die erforderlichen Vorkehrungen getroffen haben, können wir unsere Aufmerksamkeit wieder von dem Thema wegnehmen und uns stattdessen wieder auf die positive Gestaltung unserer Zukunft konzentrieren.

Falls es am Ende dann doch nicht so schlimm kommt wie vermutet, umso besser. Dann können wir unsere nicht gebrauchten Notvorräte einfach verschenken.

Frage: Die unlichten Kräfte sprechen ja gerne von der «Agenda 2030». Bis zum Jahr 2030 wollen sie ihre Pläne zur totalen Überwachungsgesellschaft umsetzen. Glaubst du, dass ihnen das noch gelingen wird?

Antwort: Ich kann nicht genau sagen, wie lange sie hier noch wüten werden oder wie weit sie mit der Umsetzung ihrer Pläne noch kommen werden, denn das hängt von verschiedenen Faktoren ab. Der wichtigste Faktor ist, ob die Menschen weiterhin den Befehlen des Unlichts brav gehorchen oder ob sie aufwachen und dem System nicht mehr weiter folgen. Stichwort: «Der Ungehorsam der Liebe». Manchmal müssen wir zivil ungehorsam sein, um eine Zukunft zu verhindern, die niemand von uns will. Deshalb ist es sinnvoll, dass wir die Pläne des Unlichts zumindest in ihren groben Zügen kennen, so dass wir gewisse Maßnahmen durchschauen und richtig einordnen und gegebenenfalls sagen können: «Sorry, aber hierbei mache ich nicht mit.» Allerdings müssen wir dann auch tatsächlich danach handeln. Es reicht nicht, wenn wir nur alternativ denken, aber dennoch physisch alles mitmachen, was man uns vorschreibt.

Ein weiterer Faktor ist, wie gut es den aufgewachten Lichtarbeitern gelingen wird, ihre Meinungsverschiedenheiten hinter sich zu lassen, sich konstruktiv zu verbinden und eine geschlossene Einheit zu bilden. Diese Geschlossenheit der Lichtarbeiter ist ein sehr wirkungsvoller Weg, um die kollektive Schwingung der Menschheit zu erhöhen und das System des Unlichts zum Kippen zu bringen.

Wann genau dieses Kippen passieren wird, weiß ich wie gesagt nicht. Ich bin mir allerdings ziemlich sicher, dass die unlichten Kräfte bis zum Jahr 2030 nicht mehr hier sein werden.

Sieben Empfehlungen
zur Schwingungserhöhung

Frage: Was können wir konkret tun, um unsere individuelle Schwingung zu erhöhen und sie dann in unserem Alltag auch nachhaltig hoch zu behalten?

Antwort: Im Grunde ist es ganz einfach: indem wir aus unserem Herzen leben.

Frage: Wie geht das genau?

Antwort: Indem wir Dinge tun, von denen wir in unserem Herzen spüren, dass es uns damit besser geht. Jeder Gedanke, der uns ein gutes Gefühl schenkt; jede Tätigkeit, bei der wir Freude empfinden; alles, was wir hören oder anschauen und das uns glücklich macht – all dies erhöht unsere Schwingung. Als Seele ist es unser natürlicher Zustand, glücklich zu sein, und wir haben auch als Mensch das Recht, alles zu tun, was uns in unserem Herzen glücklich macht.

Frage: Magst du ein paar Beispiele geben?

Antwort: Wir können zum Beispiel Texte lesen, die uns gut tun, Bilder anschauen, die uns gut tun, oder Musik hören, die uns gut tut. Wir können hinaus in die Natur gehen, denn sie tut uns einfach immer gut. Wir können auch mit der Erde, mit den Bäumen oder den Steinen kommunizieren, und wir können uns mit Menschen treffen, die uns gut tun und in deren Nähe wir uns glücklich fühlen.

Generell sollten wir uns ausschließlich mit aufbauenden Dingen beschäftigen und alle Situationen und Begegnungen meiden, die uns herunterziehen oder die bei uns einen inneren Druck erzeugen. Sollte dies aufgrund der Umstände mal nicht möglich sein, ist es wichtig, dass wir uns zum Ausgleich Gelegenheiten schaffen, uns wieder aufzubauen. Wenn man zum Beispiel am Arbeitsplatz viel Druck hat, kann man zumindest bei sich zu Hause eine Oase des Lichts schaffen, die frei von Druck ist und wo man sich Zeit für sich selbst nehmen, sich energetisch reinigen und sein eigenes Licht wieder spüren kann.

Es gibt so viele Möglichkeiten, unsere Schwingung zu erhöhen. Je mehr wir auf einem dieser vielen Wege unsere Schwingung erhöhen, desto mehr Kraft und desto mehr inneren und äußeren Freiraum haben wir, unsererseits für andere dazusein und anderen Gutes zu tun. Die Fähigkeit, sich selber Gutes zu tun, ist also die Voraussetzung dafür, um auch andere zu unterstützen und ihnen zu helfen.

Frage: Woran können wir erkennen, ob sich unsere Schwingung tatsächlich erhöht hat?

Antwort: Auch das ist ganz einfach: daran, dass es uns besser geht und dass wir uns wohler fühlen in unserem Leben; daran, dass wir wieder mehr Hoffnung und Zuversicht verspüren, und so weiter.

Gerade in der aktuellen Zeit sind Hoffnung und Zuversicht sehr wichtig. Viele Menschen sind heutzutage noch zu sehr gefangen in ihrer Angst. Ihr momentaner Bewusstseinszustand bewirkt, dass sie nicht wissen oder es sich nicht vorstellen können, dass es überhaupt möglich ist, jemals aus dem Zustand der Angst herauszukommen. Wer aber schon ein wenig aufgewachter ist, kann sich durch die Erhöhung seiner Schwingung und seines Bewusstseins Schritt für Schritt aus der Angst befreien.

Darin liegt unsere Verantwortung: Anderen dadurch zu helfen, dass wir selber aus der Angst rausgehen, dass wir Zuversicht spüren und verströmen, dass wir Schönes in die Welt setzen. Indem wir auf diese Weise Licht verbreiten, helfen wir sowohl den Menschen als auch den Tieren und anderen Lebewesen. Unsere Verantwortung besteht außerdem darin, unter allen Umständen das Licht zu halten, unabhängig davon, was sich auf der dreidimensionalen Ebene gerade abspielt. Natürlich fällt dies leichter, wenn alles friedlich und gut ist. Aber umso wichtiger ist es, dass wir gerade in unfriedlichen Zeiten das Licht halten.

Um hier auf der Erdoberfläche das Licht zu halten, ist es erforderlich, einen physischen Körper zu haben. Denn ein Wesen, das sich nur feinstofflich im Energiefeld der Erde aufhält, hat nicht dieselben Möglichkeiten und Befugnisse wie ein Wesen, das tatsächlich physisch auf der Erde inkarniert ist. Somit ist es unsere spezielle Aufgabe als inkarnierte Menschen, hier das Licht zu verankern und zu halten, indem wir immer mehr aufwachen und immer weniger dem Unlicht folgen. Unser geistiges Team, andere höherdimensionale Lichtwesen sowie die positiven Außerirdischen – sie alle können und werden uns, wenn wir sie darum bitten, bei der Erfüllung dieser Aufgabe helfen, indem sie uns positive, unterstützende Energie schicken. Aber das Verankern des Lichts auf der Erde bleibt letztlich unsere Verantwortung, und die feinstofflichen Lichtwesen können uns diese Verantwortung nicht abnehmen. Denn das Aufwachen ist unser Prozess, es ist der Prozess der Erdenmenschheit. Es ist unsere kollektive Aufgabe, derentwegen wir überhaupt hier sind.

Frage: Was sind deiner Ansicht nach die wichtigsten Punkte, die es für jede und jeden von uns in der gegenwärtigen Zeitphase zu beachten gilt, um den Aufwachprozess der Erdenmenschheit optimal zu unterstützen?

Antwort: Ich würde sagen: *Erstens* überhaupt den Wunsch und die Absicht haben aufzuwachen. Diese Absicht zeigt sich in der Praxis darin, dass wir einerseits unsere eigene Bewusstseinsschwingung möglichst hoch behalten und dass wir andererseits beginnen, die Wahrheit über uns selbst und über das System, in dem wir leben, zu erkennen. Unsere Absicht ist wie ein Lichtstrahl, mit dem wir anzeigen, wohin wir wollen, und wenn wir diesen Lichtstrahl bewusst auf ein Ziel richten, werden wir mit Sicherheit früher oder später dort ankommen.

Zweitens die nötige Geduld aufbringen, die es braucht, um allmählich aufzuwachen, um seine Schwingung zu erhöhen und um die Wahrheit zu erkennen. Solange wir uns im Klaren darüber sind, wohin wir gehen wollen, und solange wir sowohl mit Nachsicht als auch mit Ausdauer an dieser Absicht festhalten, wird dafür gesorgt werden, dass wir auch einen Weg dorthin finden. Aber es ist ein Prozess und wird seine Zeit brauchen.

Drittens sollten wir lernen, alles loszulassen, was wir selber nicht kontrollieren können, und unsere Energie stattdessen auf das richten, was wir tatsächlich ändern können. Auf diese Weise verhindern wir, dass wir unsere Lebenskraft verschwenden.

Viertens können wir auch jederzeit unser geistiges Team um Hilfe und Unterstützung bitten. Ebenso können wir uns beispielsweise mit den Bäumen und mit der Erde selbst verbinden und sie um Kraft bitten. Auch sie werden uns helfen, wenn wir sie darum bitten.

Fünftens können wir uns mit gleichgesinnten Menschen vernetzen und uns mit ihnen in konstruktiver Weise über positive Themen austauschen und gemeinsam mit ihnen am Aufbau einer neuen Gesellschaft arbeiten. Auf diese Weise spüren wir zudem, dass wir nicht alleine sind.

Sechstens sollten wir für alles Gute in unserem Leben dankbar sein. Wenn wir dankbar sind, ist unser Bewusstsein nicht auf den Mangel, sondern auf die Fülle ausgerichtet. Die Energie der Dankbarkeit erhöht nicht nur automatisch unsere Schwingung, sondern sie bringt somit auch Fülle in unser Dasein. Wir erkennen, wie viel Gutes wir schon haben, und durch diese Erkenntnis vergrößert sich das Gute in unserem Leben gleich nochmals.

Siebtens schließlich sollten wir uns immer daran erinnern, dass es hier auf der Erde auch im Großen bereits so viele gute, positive und ermutigende Dinge gibt. Auf diese Weise schützen wir uns vor Zweifeln und vor Hoffnungslosigkeit. Vor allem aber sollten wir uns immer daran erinnern, dass es bereits zweifelsfrei und unwiderruflich feststeht, dass am Ende alles gut sein wird.

3

Um Hilfe bitten
und Hilfe annehmen

Hilfe vom geistigen Team
und vom Höheren Selbst

Frage: Du betonst immer wieder, dass wir jederzeit unser geistiges Team um Hilfe und Unterstützung bitten können. Warum ist es überhaupt erforderlich, dass wir unsere geistigen Helfer darum bitten? Ist es denn nicht so, dass sie ohnehin dafür da sind, uns zu helfen, auch ohne dass wir sie darum bitten?

Antwort: Es hängt davon ab, worum es geht. Einerseits gibt es Abmachungen, die wir bereits vor unserer Inkarnation auf der seelischen Ebene mit unserem geistigen Team getroffen haben, etwa dass sie uns während unseres Lebens bei diesem oder jenem Thema unterstützen sollen. Hier dürfen sie jederzeit eingreifen und uns helfen, auch wenn wir uns in unserem Tagesbewusstsein gerade nicht darüber bewusst sind oder auch wenn wir sie nicht jedes Mal ausdrücklich darum gebeten haben. Denn wir haben ihnen die Erlaubnis dazu bereits vor unserer Geburt erteilt. Es ist auch möglich, dass wir ihnen die entsprechende Erlaubnis irgendwann zuvor in einer Nacht erteilt haben, während wir im Schlaf die feinstofflichen Ebenen bereisten und dort unseren Schutzengel oder unsere Geistführer trafen.

Andererseits gibt es Situationen, die nicht im Vorfeld abgesprochen worden sind und bei denen es erforderlich ist, dass wir unsere Geistführer mit unserem Tagesbewusstsein aktiv um Unterstützung bitten, da sie sonst nicht eingreifen dürfen.

Wichtig ist in diesem Zusammenhang auch, dass wir unseren geistigen Helfern oder auch anderen Lichtwesen jeweils klar sagen, wobei sie eingreifen und uns helfen sollen. Wenn wir in dieser Hinsicht nicht klar kommunizieren, hören sie zwar, dass wir sie um Hilfe ersuchen, aber sie fragen sich, wobei genau. Aus ihrer höheren Perspektive können sie viele Probleme in unserem Leben sehen, aber ohne genaue Anweisung wissen sie nicht, bei welchem wir in diesem Augenblick nun konkret ihre Hilfe wollen.

Dies alles gilt für den Fall, dass es um Dinge in unserem persönlichen Leben geht. Für den Fall, dass es um größere gesellschaftliche Dinge geht, die viele Menschen betreffen, ist es erforderlich, dass viele Menschen gemeinsam um Hilfe und Unterstützung bitten.

Wie diese Hilfe im Einzelnen aussieht und zu welchem Zeitpunkt sie kommt, muss allerdings in beiden Fällen nicht immer so sein, wie wir es uns vorstellen. Manchmal stellt sich erst im Nachhinein heraus, warum ein bestimmtes Ereignis gut und richtig für uns war, obschon wir gedacht hatten, es sei etwas Schlimmes. Vielleicht war es uns erst durch diese Erfahrung möglich, wichtige Dinge zu erkennen oder zu lernen, die wir sonst nicht erkannt oder nicht gelernt hätten.

Frage: Woran erkennen wir, dass unser geistiges Team uns ein Zeichen geschickt hat?

Antwort: Es gibt verschiedene Arten von Zeichen, die unser geistiges Team uns schicken kann. Manche Zeichen sind eindeutig, und wir erkennen sofort, dass es eines war – zum Beispiel wenn wir wie ein Wunder an die richtigen Menschen oder an die richtigen Informationen herangeführt werden, die uns weiterhelfen. Bei anderen Zeichen hingegen erkennen wir es nicht gleich, weil sie zum Beispiel in Form einer Idee oder eines Gedankens erscheinen und wir dann meinen, wir seien selbst auf diese Idee gekommen. Aber in Wahrheit hat unser geistiges Team uns diesen Gedanken eingegeben. Manchmal, wenn ich meine geistige Führung bei irgendeiner Sache um Hilfe bitte, erhalte ich vielleicht erst einige Tage später eine

Idee dazu, die sich anfangs anfühlt, als stamme sie von mir. Da ich die Idee als sinnvoll erachte, folge ich ihr und handle danach, und erst im Nachhinein stellt sich heraus, dass diese Idee die erbetene Hilfe war. Hätte ich den Gedanken jedoch einfach abgetan und wäre ihm nicht gefolgt, hätte ich gar nicht gemerkt, dass er ein Zeichen war.

Die Unterstützung durch unser geistiges Team kann also auch völlig unspektakulär sein oder so gut verpackt, dass wir meinen, sie komme von uns selber. Deshalb sollten wir so erwartungslos wie möglich sein und es unserem Team überlassen zu entscheiden, in welcher Form sie uns helfen möchten. Häufig erkennen wir die Hilfe auch deswegen nicht, weil wir eine bestimmte Vorstellung davon haben, wie die Hilfe aussehen muss. Wenn sie dann nicht so aussieht, wie wir sie uns vorstellen, erkennen wir sie nicht als Zeichen.

Auch was den Zeitrahmen der Hilfe betrifft, sollten wir möglichst offen sein. Aufgrund ihrer höheren Perspektive haben unsere geistigen Helfer gelegentlich andere Vorstellungen davon als wir, welches der geeignete Zeitpunkt ist. Manchmal ist ihnen ein Eingreifen aus irgendwelchen Gründen auch einfach nicht schneller möglich. In solchen Fällen bitte ich meine geistige Führung jeweils darum, mir zu helfen, so lange mit der entsprechenden Situation klarzukommen, bis eine Veränderung möglich ist.

Es kann auch vorkommen, dass unser geistiges Team uns bei einer bestimmten unangenehmen Erfahrung deswegen nicht hilft, weil wir aus irgendwelchen Gründen auf der seelischen Ebene zugestimmt haben, diese Erfahrung zu machen. In solchen Fällen können wir unser Team um die Fähigkeit bitten zu erkennen, worin der höhere Sinn dieser Situation besteht. Diesen höheren Sinn werden wir dann zum passenden Zeitpunkt auch erkennen. Ebenso können wir unsere Helfer um die Fähigkeit bitten zu erkennen, welche Lektion wir aus einer bestimmten Erfahrung lernen können.

Ein anderer wichtiger Punkt ist: Unser geistiges Team unterstützt und hilft uns zwar in unserem Dasein, aber sie nehmen uns keine Entscheidungen ab, und sie werden uns auch nicht einfach so retten. Denn es ist ja unser Leben, und wir sind es ja, die sich für eine Inkarnation als Erdenmensch entschieden haben. Zuweilen kommen Menschen an Herausforderungen, denen gegenüber sie sich ohnmächtig fühlen und in denen sie nicht mehr weiter wissen. Sie wünschen sich dann, dass irgendein Retter kommen und sie aus dieser Situation befreien möge – ein anderer Mensch oder die Gesellschaft oder Gott oder eben auch das geistige Team. Das ist natürlich verständlich, denn sie sind in dem Moment davon überzeugt, dass sie selbst überhaupt nichts tun können, um die Situation zu lösen.

Doch das stimmt eigentlich nie. Sobald wir an eine Herausforderung in unserem Leben stoßen, bedeutet dies, dass wir auch unseren Teil zur Lösung beitragen können und sollen. Ansonsten wäre die Herausforderung gar nicht bei uns. Jedes Problem und jede Herausforderung sind eine Aufforderung an uns, in einem bestimmten Bereich unseres Lebens genauer hinzuschauen, etwas zu lernen oder eine Veränderung vorzunehmen. Die Frage ist bloß, was und wie viel wir selber zur Lösung des Problems beitragen können. Manchmal finden wir, wenn wir uns bemühen, die Lösung alleine, doch auch in diesen Fällen kann es sein, dass unsere geistigen Helfer uns unbemerkt die erforderlichen Ideen geschenkt haben. Manchmal benötigen wir Hilfe von anderen Menschen, doch auch in diesen Fällen muss der Wille und die erste Bemühung von uns ausgehen, denn dadurch signalisieren wir, dass wir für eine Lösung bereit sind. Zudem können uns andere nur dann helfen, wenn wir selber tatsächlich daran glauben, dass es eine Lösung gibt.

Zum Glück bleibt keine Herausforderung für immer, und früher oder später wird jedes Mal eine Lösung kommen. Wir wissen oft einfach nicht, wann und wie. Das heißt, wir sollten auch geduldig sein und die Zuversicht nicht verlieren. Wenn wir der Meinung sind, dass die Lösung für unser Problem viel zu lange auf sich warten lässt, kann es helfen, uns zu fragen: Welche positiven Dinge kann ich trotz allem in dieser Situation finden? Was kann ich daraus lernen? Denn wir alle werden geliebt, und darum können wir in jeder noch so schwierigen Situation auch immer etwas Positives entdecken, wenn wir aktiv danach Ausschau halten. Diese Erinnerung, dass wir geliebt werden und dass es daher in jeder Situation immer etwas Positives zu finden gibt, ist eine große Hilfe, mit allen Lebenssituationen klarzukommen. Die positiven Dinge können wir aber nur dann sehen, wenn wir daran glauben, dass es sie tatsächlich gibt. Wenn wir den Standpunkt vertreten, dass nicht in allem etwas Gutes verborgen ist, werden wir es auch nicht finden.

Frage: Welche Funktion innerhalb unseres geistigen Teams haben die Schutzengel?

Antwort: Die Aufgabe unseres Schutzengels ist es, auf uns aufzupassen. Das bedeutet jedoch nicht, dass uns in unserem Leben nie irgendetwas Unangenehmes zustoßen wird. Der Schutzengel ist in erster Linie dafür zuständig, dass wir unseren Lebensplan erfüllen können. Das heißt, er hält Dinge von uns fern, die nicht in unseren Lebensplan gehören und die dessen Erfüllung gefährden könnten. So führt er uns zum Beispiel um Situationen herum, die nicht gut für uns sind und die uns von unserem Lebensweg abbringen würden. Das funktioniert aber nur dann vollständig, wenn wir auch auf ihn hören. Schutzengel können entweder innerlich durch Gedanken oder Gefühle zu uns sprechen, oder aber sie fädeln es ein, dass ein anderer Mensch uns von außen gewisse Hinweise oder Warnungen mitteilt, die in Wahrheit eine Botschaft von unserem Schutzengel sind.

Frage: Wenn wir in unserem Leben Hilfe brauchen, sollten wir dann besser unser geistiges Team darum bitten, oder können wir uns auch einfach direkt an Gott wenden?

Antwort: Beides ist möglich. Es ist kein Entweder-oder, sondern ein Sowohl-als-auch. Wenn wir direkt Gott, die Quelle, anrufen, kann Gott dann seinerseits bestimmte Wesen suchen, die für unseren Wunsch geeignet sind, und sie beauftragen, unsere Bitte zu erfüllen. Das können unsere eigenen geistigen

Helfer sein oder auch andere Wesen. Wir sollten in diesem Zusammenhang nicht vergessen, dass unsere geistigen Helfer ihren Auftrag, bei uns zu sein, ja von Gott erhalten haben. Darum dürfen wir jederzeit auch sie um Hilfe bitten, denn Gott hat sie uns ja eigens dafür in unser Leben mitgegeben.

Frage: Falls man sich wünscht, die Mitglieder seines geistigen Teams besser kennenzulernen, was kann man dann tun?

Antwort: Man kann sie zum Beispiel einfach fragen, ob sie sich einem zeigen möchten. Dann kann es sein, dass man als Antwort etwa ein inneres Bild bekommt oder dass man etwas Bestimmtes fühlt. Um mit ihnen zu kommunizieren, ist es übrigens nicht nötig, dass man ihre Namen kennt.

Frage: Wie viele Mitglieder umfasst solch ein geistiges Team in der Regel?

Antwort: Das ist von Mensch zu Mensch derart unterschiedlich, dass man auf diese Frage nicht mal eine ungefähre Anzahl nennen kann. Zudem bleiben nicht alle geistigen Helfer gleich lange bei uns. Es gibt welche, die uns unsere ganze Inkarnation lang begleiten, und es gibt andere, die an einem bestimmten Punkt in unserem Leben dazu kommen und dann je nachdem entweder nach einer gewissen Zeit wieder gehen oder auch für den Rest unserer Inkarnation bleiben.

Frage: Heutzutage wird häufig davon gesprochen, dass man sich auch mit höherdimensionalen Wesen wie etwa mit Engeln oder Außerirdischen verbinden sollte. Machst du das auch? Und wie kann man unterscheiden, ob diese Wesen uns wohlgesonnen sind oder nicht?

Antwort: Ich persönlich bin nicht so der Mensch, der das macht. Ich kommuniziere hauptsächlich mit meinem geistigen Team oder verbinde mich mit meinem Höheren Selbst.

Wenn jemand aber den Wunsch hat, sich mit höherdimensionalen Wesen zu verbinden, und zwischen den gutartigen und den weniger gutartigen unterscheiden möchte, kann er erstens auf seine Intuition, auf sein inneres Gefühl hören und sich fragen: Wie fühlt sich der Austausch an? Denn nicht alles, was auf den ersten Blick lichtvoll aussieht, ist auch tatsächlich lichtvoll. Und zweitens kann man sich zur Absicherung zuvor an die göttliche Quelle wenden und darum bitten, explizit mit diesem bestimmten Engel oder jenem bestimmten Wesen telepathisch verbunden zu werden. So kann man sicherstellen, dass man auch wirklich beim richtigen Wesen landet und nicht bei einem Hochstapler, der nur vorgibt, dieses Wesen zu sein. Der Weg über die göttliche Quelle ist sozusagen die sichere Leitung, die nicht manipuliert werden kann.

Frage: Du sagst, du verbindest dich regelmäßig mit deinem Höheren Selbst. Wer genau ist dieses Höhere Selbst?

Antwort: Das bin auch ich. Das Höhere Selbst ist nicht etwas, das von mir, Christina, getrennt ist. Das Höhere Selbst ist der Teil von mir, der nicht mit seinem Bewusstsein hier auf der Erde inkarniert ist. Als Seele haben wir die Möglichkeit, uns durch die verschiedenen Dimensionen herunter zu verdichten, und am untersten Punkt dieser Verdichtung befindet sich jener Teil unseres Bewusstseins, der im Moment gerade hier in der physischen Welt in einem physischen Körper inkarniert ist. Doch der größte Teil von mir hält sich in der nicht-physischen, feinstofflichen Sphäre auf, und diesen Teil von mir nenne ich das Höhere Selbst. Wir alle haben ein solches Höheres Selbst, an das wir uns wenden können.

Frage: Besteht ein Unterschied zwischen unserem Höheren Selbst und dem, was wir die Quelle oder Gott nennen?

Antwort: Ja, natürlich. Die Quelle ist der göttliche Ursprung von allem. Wenn eine Seele mit ihrem individuellen Bewusstsein aus der Quelle fortgeht, kann sie mit verschiedenen Teilen ihres Selbst unterschiedliche Inkarnationen auf unterschiedlichen Verdichtungsebenen eingehen. Das Höhere Selbst ist, wie gesagt, dabei jener größere Teil einer individuellen Seele, der sich nicht inkarniert. Aber es ist nicht Gott.

Hilfe für und von Mutter Erde

Frage: Manche Menschen vertreten die These, dass die Erde ohne uns Menschen eindeutig besser dran wäre. Sie sagen, die Menschheit sei das eigentliche Problem dieses Planeten. Siehst du das auch so?

Antwort: Nein. Man kann diesen Gedanken zwar verstehen, wenn man sich vor Augen führt, wie grausam viele Menschen mit der Natur umgehen und sie dabei gewissenlos ausbeuten und zerstören. Aber die These stimmt trotzdem nicht. Das Problem auf diesem Planeten ist nicht die Menschheit an sich, sondern es ist die Unbewusstheit der Menschen. Es sind die fragwürdigen Theorien über die Herkunft und den Sinn des Lebens, die seltsamen Glaubenssätze und die unmenschlichen Verhaltensweisen, welche die Zerstörung hervorbringen. Menschen an sich sind als liebevolle, empfindungsfähige Wesen geschaffen worden. Sie sind fähig, Mitgefühl zu zeigen, die Natur zu unterstützen und in Frieden mit der Natur und mit allen anderen Geschöpfen hier auf der Erde zu leben. Wenn Menschen grausame Dinge tun, dann tun sie dies nicht, weil sie von ihrer inneren Natur her so sind, sondern weil sie dieses manipulative und destruktive Verhalten aus lauter Unbewusstheit über Jahrtausende von den Wesen des Unlichts übernommen haben.

Frage: Wie geht Mutter Erde, die Wesenheit unseres Planeten, damit um, dass auf ihrer Oberfläche derzeit so viel Dunkelheit und Destruktivität herrscht?

Antwort: Ganz genau kann ich das nicht sagen. Ich denke aber, dass sie imstande ist, gewisse unlichte Dinge selber zu transformieren, dass sich andere dunkle Dinge aber auch in bestimmten Regionen anstauen und die Erde belasten – vor allem auf der Oberfläche und direkt darunter, also überall, wo die unlichten Kräfte wüten. Hier können wir Menschen der Erde helfen und sie unterstützen – sowohl physisch als auch energetisch –, indem wir bewusst unser Licht auf der Erdoberfläche verankern.

Die Erde hat genauso wie wir Gefühle, Gedanken und Wahrnehmungen. Auch sie hat eine Seele. Wenn wir auf der Erdoberfläche herumlaufen, spürt die Erde unser Bewusstsein und nimmt unsere Energie wahr. Sie spürt, wenn ein Mensch positive Absichten hat und es gut mit ihr meint, und sie freut sich darüber. Es tut ihr gut zu spüren, dass es Menschen gibt, die wirklich etwas Gutes auch für sie wollen.

Umgekehrt kann natürlich die Erde ihrerseits uns Menschen mit ihrer Kraft in vielerlei Hinsicht helfen und uns unterstützen, ebenso auch die Naturwesen. Die einzige Voraussetzung ist, dass wir uns wohlwollend für ihre Anwesenheit öffnen und bereit sind, respektvoll mit ihnen zusammenzuarbeiten.

Frage: Ist es denkbar, dass die Erde durch ein mögliches Versagen der Menschen am Aufstieg in die fünfte Dimension gehindert werden kann? Ist ihr Aufstieg davon abhängig, dass zuerst die gesamte Menschheit aufwacht und die erforderliche globale Schwingungsfrequenz erreicht?

Antwort: Nein, das kann ich mir nicht vorstellen. Die Erde hat als eigenständiges Wesen ja ihre eigene Schwingung, die unabhängig von der Schwingung der Menschen ist. Der Aufstieg der Erde ist bereits beschlossen und wird auf jeden Fall stattfinden. Doch liebevoll wie sie ist, lädt die Erde alle Menschen dazu sein, sich ihr anzuschließen. Diejenigen Menschen, die diese Einladung annehmen und ihre Schwingung ebenfalls erhöhen, werden zusammen mit der Erde aufsteigen. Und diejenigen Seelen, die es vorziehen, die Einladung abzulehnen und ihre individuelle Schwingung nicht zu erhöhen, werden die Erde verlassen und auf einem anderen dreidimensionalen Planeten inkarnieren, der ihren Wünschen und Vorstellungen entspricht. Niemand wird verloren gehen, denn alle Seelen werden von der göttlicher Quelle in gleichem Maße geliebt, und für alle Seelen wird gesorgt sein, egal wie sie sich entscheiden werden.

Frage: Manchmal hört man, die Erde befinde sich eigentlich bereits in der fünften Dimension. Ist das richtig?

Antwort: Nicht ganz. Die Erde hat verschiedene Ebenen und umfasst verschiedene Dimensionen. Es gibt eine feinstoffliche Ebene der Erde, die tatsächlich bereits fünfdimensional ist, aber der Teil der Erde, auf dem wir im Moment leben, ist noch dreidimensional und wird seine Dichte erst in der Zukunft ändern und dann in die fünfte Dimension aufsteigen.

Nach meiner Wahrnehmung ist es übrigens so, dass der dreidimensionale Teil der Erde durchaus bereits von Jahr zu Jahr spürbar seine Schwingung erhöht. Ich weiß noch: Als ich zehn Jahre alt war, hatte ich immer das Gefühl, dass hier alles schon ungemein dicht sei. Natürlich ist es heute immer noch ziemlich dicht, aber im Vergleich mit damals vor elf Jahren ist es jetzt bereits deutlich weniger dicht. Auf diese Weise ist der ständige Aufstiegsprozess der Erde klar spürbar.

Dort, wo die unlichten Kräfte auf der Erdoberfläche gerade ihr Unwesen treiben, kann es punktuell schon vorkommen, dass sich die Schwingung kurzzeitig senkt, aber unabhängig davon erhöht der Planet Erde an sich unaufhaltsam seine Schwingung. Man kann einen Planeten nicht aufhalten.

Frage: Um unsererseits den Aufstieg in die fünfte Dimension zu schaffen, ist es da ausreichend, dass wir Menschen einfach über Licht und Liebe meditieren? Oder gibt es dafür noch andere Voraussetzungen?

Antwort: Diese Frage lässt sich nicht allgemeingültig beantworten. Denn der entscheidende Faktor darüber, ob jemand in eine höhere Dimension aufsteigen kann, ist sein individuelles Bewusstsein. Wir alle sind jedoch unterschiedlich und einzigartig. Wir sind nicht gleich, und wir können und sollen es auch nicht sein. Jede Seele ist individuell, und jeder Mensch hat ein eigenes Bewusstsein. Zudem hat jeder Mensch auch seine eigenen Gründe, warum er genau jetzt hier auf der Erde inkarniert ist, und je nachdem hat er für seine Inkarnation diese oder jene persönlichen Eigenschaften und Lernaufgaben ausgewählt. Daher braucht auch jeder Mensch andere Mittel und Wege, um sein Bewusstsein zu erhöhen. Bei manchen mag es die Meditation sein, bei anderen etwas ganz anderes.

Frage: Was kann jeder von uns tun, um den Prozess seines Aufstiegs zu beschleunigen?

Antwort: Ich denke, dass der Begriff «beschleunigen» in diesem Zusammenhang nicht der richtige ist. Denn die Erhöhung der individuellen Schwingung und die Vorbereitung auf den Aufstieg in eine höhere Dimension ist kein Wettrennen und auch kein Wettbewerb. Manche Menschen werden den Aufstieg noch in ihrer jetzigen Inkarnation, in ihrem jetzigen physischen Körper machen. Andere werden ihn etwas später, irgendwann in einer nächsten Inkarnation machen. Und wiederum andere werden ihn gar nicht machen, weil sie ihn nicht wollen und es vorziehen, in der gewohnten Dreidimensionalität zu bleiben. Alle Seelen werden geliebt und begleitet, unabhängig davon, wie schnell sie beim Aufstieg oder bei irgend etwas anderem sind.

Der Wunsch nach «Beschleunigung» kann abgesehen davon auch ein Ausdruck mangelnden Vertrauens sein. Möglicherweise vertraut man nicht darauf, dass alles zur rechten Zeit geschehen wird, und versucht deswegen, es selber zu kontrollieren und zu beschleunigen. Eine solche Haltung würde ich nicht empfehlen.

Frage: Ist es sinnvoll, spezielle Lichtmeditationen zur Unterstützung von Mutter Erde zu machen?

Antwort: Ja, das wird sie sicherlich freuen.

Frage: Und wenn wir meditieren – entweder für die Erde oder ganz allgemein –, ist es dann für das kollektive Bewusstseinsfeld von Vorteil, dass möglichst viele Menschen gemeinsam meditieren?

Antwort: Die Wirkung hängt weniger von der Anzahl ab als vielmehr von der Bewusstseinsausrichtung der beteiligten Menschen. Wenn einfach nur viele Leute zusammenkommen, die nicht in die gleiche Richtung denken oder fühlen, sondern in ihrem Bewusstsein verstreut sind, ist es nicht hilfreich. Dann ist es besser, dass nur eine kleine Gruppe zusammen meditiert, deren Bewusstsein in die gleiche Richtung geht. Aber wenn man es schafft, dass eine große Gruppe gemeinsam auf dasselbe Ziel ausgerichtet ist, dann vergrößert dies natürlich das kollektive Bewusstseinsfeld.

Frage: Was wäre das beste Ziel, auf das man dieses gemeinsame Bewusstsein ausrichten sollte?

Antwort: Ich würde hier nicht von einem «besten» Ziel sprechen. Die Frage ist, welche Absicht man hat und wofür genau man meditieren möchte. Je nachdem gibt es dann einen anderen Fokus, der am besten geeignet ist.

Frage: Braucht die Erde nebst unserer Liebe und Unterstützung auch so etwas wie Trost von uns?

Antwort: Ja, natürlich. Die Erde empfindet es schon als tröstlich, wenn sie einfach nur spürt, dass wir sie schätzen und an sie denken oder dass wir für sie etwas Gutes tun möchten. Die Erde weiß ja, dass wir Menschen nicht von heute auf morgen alles verändern können. Doch wenn wir einfach mit liebevollen Gedanken bei ihr sind und wenn jeder von uns das für ihn Bestmögliche tut, dann freut sie sich sehr darüber.

Eltern, Kinder und Tiere

Frage: Was können wir in diesen turbulenten Zeiten zum Schutz und zur Unterstützung unserer Kinder tun?

Antwort: Eltern sollten vor allem darauf achten, dass ihre Kinder ihr Urvertrauen und ihre innere Stabilität bewahren, und sie sollten ihren Kindern ein gutes Vorbild sein. Kinder bekommen mit, was ihre Eltern fühlen, wie sie sich in bestimmten Situationen verhalten und was sie daraus machen. Daher ist es wichtig, dass die Eltern in ihrem Bewusstsein stabil bleiben und sich durch die äußeren Umstände nicht verrückt machen lassen.

Wenn Eltern Kinder haben, die bereits mit einem erweiterten Bewusstsein auf die Welt gekommen sind, und wenn sie wollen, dass ihre Kinder dieses Bewusstsein auch behalten, ist es wichtig, dass sie den Kindern das Gefühl vermitteln, dass sie richtig sind, so wie sie sind. Kinder brauchen das Verständnis und die Erlaubnis ihrer Eltern, dass sie so sein dürfen, wie sie sind. Dadurch gewinnen sie ein Grundvertrauen, und aus diesem Vertrauen heraus entfalten sie die erforderliche innere Stärke, um ihr Bewusstsein auch in einer Gesellschaft hoch zu halten, die für Menschen wie sie noch kein Verständnis hat. Kinder – und allgemein wir Menschen – werden ja nicht durch Angst stark, sondern durch Vertrauen.

Es gibt zwei Möglichkeiten: Entweder können die höherschwingenden Kinder der neuen Zeit die äußeren Einflüsse – etwa durch die Schule, die Familie oder die Medien – kraft ihres eigenen Bewusstseins selber ausgleichen. Oder aber ihr Bewusstsein wird durch die herrschenden Umstände überlagert und droht, verloren zu gehen. Im zweiten Falle stehen die Eltern natürlich besonders in der Verantwortung, und diese nehmen sie am besten dadurch wahr, dass sie Vorbilder für ihre Kinder sind und ihre eigene Bewusstseinsschwingung hoch behalten.

Frage: Es heißt, dass eine Seele, bevor sie sich als Mensch auf die Erde inkarniert, sich ihre Eltern und ihr Umfeld aussucht und ihren Lebensweg bereits festlegt. Siehst du das auch so? Und falls ja, welche Aspekte unserer zukünftigen Inkarnation können wir auf diese Weise selber wählen?

Antwort: Ja, das sehe ich auch so. Vor unserer Inkarnation legen wir gewisse Dinge fest wie etwa: in welcher Familie wir geboren werden, welche Muttersprache wir sprechen werden, welche Lektionen wir in der Inkarnation lernen wollen oder was wir zur Gemeinschaft beitragen wollen. Wir treffen auch gewisse Abmachungen mit anderen Seelen, dass wir uns im Laufe des Lebens treffen werden und in welchen Rollen wir dies tun werden. So entscheiden wir uns also für einen gewissen Lebensweg, und aus diesem ergibt sich dann ein Lebensplan. Das heißt aber nicht, dass jede Minute unseres Lebens schon im Detail vorausgeplant ist. Wir haben während einer Inkarnation jederzeit die Möglichkeit, uns mit unserem freien Willen umzuentscheiden, neue Schwerpunkte zu setzen und neue Richtungen einzuschlagen.

Daher kann es auch vorkommen, dass wir während eines Lebens Dinge erleben, die so nicht geplant waren und die wir möglicherweise als unangenehm empfinden. Denn auch die anderen Menschen in unserem Umfeld haben einen freien Willen und können jederzeit überraschende Entscheidungen fällen. Aber wir wussten ja im Vorfeld, worauf wir uns einlassen, wenn wir auf einen Planeten kommen, auf dem es so viele unterschiedliche Bewusstseine gibt.

Frage: Das bedeutet also, dass auch die Eltern sich ihre zukünftigen Kinder aussuchen? Wie kann man sich eine solche Auswahl vorstellen?

Antwort: Manchmal gibt es Abmachungen, die bereits getroffen werden, bevor sowohl die zukünftigen Eltern als auch die zukünftigen Kinder inkarniert sind. Die betreffenden Seelen besprechen sich im Vorfeld ihrer jeweiligen Inkarnation und legen fest, wer die Rolle der Eltern und wer die Rolle der Kinder übernehmen wird. In anderen Fällen kann es auch sein, dass die Eltern bereits inkarniert sind und erst dann auf der geistigen Ebene Abmachungen mit noch nicht inkarnierten Seelen treffen, die in der Folge irgendwann später als ihre Kinder geboren werden.

Frage: Gilt das auch für Tiere? Kann man auch Absprachen treffen, dass eine Seele nicht als Mensch, sondern als Haustier zu einem kommt?

Antwort: Ja, das ist möglich. Es kann sein, dass eine Seele wählt, sich als Tier zu inkarnieren, denn auch als Tier kann man den Menschen vieles aufzeigen. Im Austausch mit Tieren können wir Menschen so einiges lernen, und die Art und Weise, wie wir mit Tieren umgehen, sagt viel über uns selbst aus. Wenn wir Tiere liebevoll behandeln, geht diese Liebe als positiver Impuls ins kollektive Bewusstseinsfeld. Außerdem sind Tiere in der Lage, hier auf der Erde gewisse Energien zu verankern, denn jedes Tier hat – genau wie wir Menschen – ein individuelles Bewusstsein. Auch haben Tiere einen individuellen Lebensplan und bestimmte Lebensaufgaben, die zu erfüllen sie sich vorgenommen haben. Zudem erfüllen die verschiedenen Tierarten auch kollektiv gesehen unterschiedliche Rollen und Aufgaben auf der Erde.

Frage: Bei den Menschen gibt es ja solche, die Licht und Schönheit in die Welt bringen, und solche, die Unlicht in die Welt bringen. Gilt dasselbe auch für Tiere, können auch sie Dunkelheit und Destruktivität bringen?

Antwort: Ja, das kann passieren. Aber genau wie bei den Menschen ist es allgemein bei allen Lebewesen so, dass sie grundsätzlich auf Liebe basieren. Wenn eine Seele jedoch durch irgendein Erlebnis traumatisiert worden ist, kann es sein, dass sie aus einem unlichten Bewusstsein heraus destruktiv handelt – sowohl als Mensch als auch als Tier. Dennoch ist jeder Mensch, jedes Tier und jedes andere Lebewesen von seinem seelischen Kern her immer Liebe.

Frage: Man könnte sagen, dass die höherdimensionalen Wesen des Unlichts uns Menschen im Grunde genommen als bloßes Vieh betrachten und behandeln, das sie für ihre Zwecke missbrauchen können. Viele Menschen behandeln ihrerseits die Tiere ebenfalls als bloßes Nutzvieh, ohne sich wirklich Gedanken darüber zu machen und ohne dabei ein schlechtes Gewissen zu haben. Verspüren in ähnlicher Weise auch die Wesen des Unlichts kein schlechtes Gewissen, wenn sie uns manipulieren und benutzen?

Antwort: Ja, bedauerlicherweise ist das so. Diese unlichten Wesen haben sich so sehr von der göttlichen Urquelle und von der Liebe abgetrennt, dass die Liebe bei ihnen nicht einmal mehr unbewusst vorhanden ist. Sie haben keinerlei Bezug mehr zur Liebe und auch keine Sehnsucht danach, da sie komplett vergessen haben, dass Liebe überhaupt existiert. Deshalb haben sie weder ein Gewissen noch Verständnis oder Mitgefühl für andere Lebewesen – Empfindungen, die für Lichtwesen völlig normal und natürlich sind. Nur deshalb sind die Wesen des Unlichts imstande, aus unserer Sicht unverständlich grausame und gefühllose Dinge zu tun, wie etwa skrupellos die Bevölkerung eines ganzen Planeten zu unterdrücken.

Das Muster eines solch lieblosen Bewusstseins und Verhaltens kann sich auch auf Menschen übertragen, die sich dann ihrerseits ein schwächeres Lebewesen als «Opfer» suchen. Es ist eine Art Teufelskreis: Die höherdimensionalen Wesen des Unlichts behandeln die Menschen auf grausame Weise, und die Menschen geben das gleiche grausame Verhalten unreflektiert an die Tiere weiter, oft ohne es überhaupt zu bemerken, da sie ja in der Matrix der Illusion gefangen sind.

Umso wichtiger ist es, dass wir jetzt unsere Bewusstseinsschwingung erhöhen und anfangen, liebevoll und respektvoll auch mit den Tieren und mit allen anderen Lebewesen umzugehen. Solange ein Mensch gleichgültig und grausam gegenüber Tieren ist, wird es ihm nicht möglich sein, sein Bewusstsein aus der Matrix des Unlichts zu befreien. Es gibt Menschen, denen man dieses Thema nicht nahebringen kann, weil sie dazu keinerlei Empfindungen haben. Aber es gibt auch viele Menschen, die grundsätzlich zu spüren fähig sind, dass Tiere genauso beseelte Wesen sind wie wir und dass wir Menschen für sie eine Verantwortung tragen.

Diese Menschen, die gegenüber dem Leid der Tiere nicht mehr vollständig abgestumpft und gefühllos sind, können wir auf dieses Thema aufmerksam machen und sie bitten, achtsamer mit den Tieren umzugehen. Sie sind nicht zwangsläufig böse Menschen; sie haben es einfach nicht anders gelernt. Sie sind hierher auf die Welt gekommen und haben unreflektiert lauter Dinge übernommen, von denen man ihnen sagte, sie seien normal. Ohne ihr Handeln je ernsthaft zu hinterfragen, haben sie damit womöglich ein Leben lang weitergemacht – nicht etwa, weil sie kein gutes Herz hätten, sondern einfach aus Unbewusstheit. Diesen Menschen können wir durch unser eigenes Beispiel helfen, wieder mehr Respekt und Mitgefühl zu entfalten – sowohl gegenüber den Tieren als auch gegenüber ihren Brüdern und Schwestern, den anderen Menschen.

Es gibt immer andere Lösungen als Krieg

Was ich besonders wichtig finde in der jetzigen Zeit ist, dass wir Menschen uns untereinander nicht spalten lassen und nicht in gegenseitigen Schuldzuweisungen hängen bleiben. Wir sollten uns daran erinnern, dass wir eine einzige Menschheitsfamilie sind, dass wir alle Brüder und Schwestern sind. Deshalb sollten wir uns weigern, einander zu bekämpfen, auch wenn ein paar wenige Leute auf der politischen Bühne versuchen, genau diese Spaltung und dieses gegenseitige Bekämpfen und Bekriegen herbeizuführen.

Es gibt immer andere Lösungen als Kampf oder Krieg. Um sie zu finden, braucht es jedoch die Bereitschaft, in gegenseitigem Respekt miteinander zu sprechen. Dies gilt sowohl zwischen einzelnen Menschen und Menschengruppen als auch zwischen Nationen und Völkern. Wir als einzelne Menschen sind aufgefordert, die Prinzipien von Verständnis und Friedlichkeit in unserem Alltag vorzuleben. Denn die gegenwärtigen Politiker und ihre Hintermänner werden es nicht tun, weil es im Moment nicht gewollt ist. Um ihre Ziele der totalen Kontrolle und Herrschaft über die gesamte Menschheit zu verwirklichen, brauchen die derzeit Mächtigen den Krieg und nicht den Frieden.

Jeder Mensch, der sich dafür entscheidet, Frieden und Harmonie in sich selbst und in seinem nächsten Umfeld zu leben, trägt dadurch seinen Beitrag ins kollektive Feld der Liebe hinein und macht es somit für andere leichter, dies ebenfalls zu tun. So können wir die schwierige Zeit, die uns jetzt noch bevorsteht, viel besser überstehen. Wir verankern damit das Licht auf der Erde, und dies wird dazu führen, dass diese düstere Zeitphase bald der Vergangenheit angehören wird. Sie wird der Ausgangspunkt dafür sein, dass wir danach als Menschheitsfamilie gemeinsam etwas Neues aufbauen werden, das auf Liebe basiert. Diese Vision des Guten dürfen wir nicht loslassen, denn wir sind ein Anker für die Manifestation einer neuen friedlichen und freien Gesellschaft.

4

Alles Beseelte hat Schönheit

«Wir sollten lernen, die Schönheit wieder zu sehen.
Denn alles Beseelte hat Schönheit. Dieses Wissen
und den Blick dafür sollten wir bewahren, auch in
den jetzigen Zeiten. Es liegt an uns, wie wir das Licht
hierher auf die Erde bringen. Was wir dafür aber
unbedingt brauchen, ist der Blick auf das Göttliche.»

Willenskraft und Liebeskraft

Ich bin mir darüber bewusst, dass in unser aller Leben gegenwärtig viel Druck ist und viel Schwere. Aber es ist wichtig, dass wir weiter durchhalten und dass wir das Licht halten in diesen letzten düsteren Zeiten. Wir sind nicht zufälligerweise in dieser Zeit hier auf der Erde, denn es braucht unser Licht hier. Jeder von uns hat so viel Kraft in sich, auch wenn wir uns manchmal ganz und gar nicht so fühlen. Darum sollten wir niemals den Mut oder die Zuversicht verlieren. Wenn wir in die Gesellschaft blicken und denken: «Es gibt so viele, die noch immer schlafen», dann sollten wir uns sofort daran erinnern: «Es gibt aber auch so viele, die gerade aufwachen.»

Nichts ist stärker als ein Mensch, der etwas liebt und der das, was er liebt, auch wirklich will. Liebe und Wille zusammen sind das, was uns mit Sicherheit ans Ziel bringen wird. Dazu braucht es beide Qualitäten. Die Wesen des Unlichts haben nur den Willen, aber keine Liebe. Wir Menschen jedoch sind in der Lage, beides einzusetzen, um unsere Ziele zu erreichen, und sobald uns die Kombination von beidem gelingt, ist es sicher, dass sich unsere Ziele am Ende manifestieren werden. Es geht gar nicht anders.

Bei manchen Menschen ist eher die Willenskraft ausgeprägt und bei anderen eher die Liebeskraft. Im Idealfall ergänzen sich diese beiden Kräfte. Daher sollte jeder von uns versuchen, jene Kraft zu üben und weiter zu entwickeln, zu der er im Moment noch etwas weniger Zugang hat.

Die Kraft unseres Willens richtig einzusetzen, bedeutet vor allem, dass wir bewusste Entscheidungen treffen: Was genau will ich und was will ich nicht? Welche Informationen sind für mich stimmig und welche nicht? Was davon bin ich bereit zu glauben und was nicht? Wie ist eigentlich meine Sichtweise auf die Welt? Wo genau positioniere ich meine eigenen Standpunkte?

Wenn wir solche Entscheidungen nicht selber treffen, wird irgendetwas anderes oder irgendjemand anderes über uns entscheiden. Wir sind auf diesem Planeten aktuell so vielen unterschiedlichen Einflüssen ausgesetzt – sowohl auf der energetischen als auch auf der physischen Ebene. Unzählige Medien bombardieren uns rund um die Uhr mit allen möglichen Informationen, Meinungen und Sichtweisen. Wenn wir nicht selbständig denken und nicht eigenständig entscheiden, sondern alles einfach unhinterfragt und ungefiltert übernehmen, wird unser Bewusstsein von diesen Informationen und damit von jenen Leuten überlagert, die uns willentlich in die Irre zu führen und uns ihre Sichtweise aufzudrücken versuchen.

Gerade bei der Geschichte, die in den vergangenen zwei Jahren in der ganzen Welt umhergegeistert ist, ließ es sich deutlich beobachten, dass die allermeisten Medien stets genau das Gleiche berichteten – die gleichen Behauptungen, die gleichen Empfehlungen, die gleichen Forderungen, die gleichen Diffamierungen. Aus meiner Sicht handelt es sich hierbei um eine gezielte Gehirnwäsche, auch wenn viele Menschen es bisher nicht bemerkten. Es ist eine bewusste Beeinflussung der Bevölkerung durch jene Mächte, die hinter den Kulissen die Fäden ziehen. Diese Hintermänner sind zahlenmäßig nicht viele, sondern im Vergleich zur Weltbevölkerung nur eine winzig kleine Minderheit, aber ihre Gefolgsleute halten überall auf der Welt die wichtigen Schlüsselpositionen, auch in den Medien. Wenn von den Medien wenigstens die Wahrheit berichtet würde, wäre das eigenständige und kritische Denken zwar ebenfalls noch wichtig, aber es würde in unserem Bewusstsein weniger Schaden anrichten, wenn wir ihnen einfach alles glaubten.

Die erwähnten irdischen Drahtzieher sowie die feinstofflichen außerirdischen Wesen, die noch über ihnen stehen, sind zur Verwirklichung ihrer Pläne darauf angewiesen, dass die Mehrheit der Menschen ihrer Geschichte Glauben schenkt und freiwillig bei ihren Plänen mitmacht. Das ist bei genauerer Betrachtung eine sehr gute Nachricht, denn es bedeutet, dass die eigentliche Macht bei uns, den Menschen, liegt. Wir können uns, wenn wir wollen, jederzeit auch für etwas Anderes, für etwas Besseres entscheiden. Wir können beginnen, in einer Weise zu handeln, dass die Zukunft so sein wird, wie *wir* sie uns wünschen. Es braucht dazu lediglich eine ausreichend große Anzahl an Menschen, die sich die gleiche positive Zukunft wünscht und die bereit ist, gemeinsam auf diese Zukunft hinzuarbeiten.

Um seine Pläne auf der Erdoberfläche zu manifestieren, braucht das Unlicht die bewusste oder unbewusste Zustimmung der Menschen. Allein aus diesem Grund wird so viel Aufwand betrieben, über die Massenmedien Angst und Schrecken zu verbreiten und die Ansichten und die Meinungen der Bevölkerung zu manipulieren und gleichzuschalten. Aus demselben Grund werden auch bestimmte kritische Menschengruppen diffamiert und als gefährlich gebrandmarkt. Viele Medienkonsumenten denken nicht wirklich eigenständig, sondern übernehmen einfach die Bilder und Aussagen, die sie vom Fernsehen und von den Zeitungen vorgesetzt bekommen. Sie merken oft gar nicht, wie ihr Bewusstsein in eine bestimmte Richtung gelenkt wird, sondern halten die manipulierten Informationen für ihre eigene Meinung. So kann man die Öffentlichkeit dazu bringen, bestimmten Menschengruppen gegenüber Vorurteile zu haben und sie ohne genaue Kenntnis einfach für gefährlich oder für verrückt oder für was auch immer zu halten.

Informationen, die von vielen Menschen geglaubt werden, verfestigen sich energetisch im kollektiven Bewusstseinsfeld – und zwar unabhängig davon, ob sie wahr sind oder gelogen. Je mehr Menschen dasselbe glauben, desto stärker wird die energetische Kraft der entsprechenden Information. Das Unlicht nutzt diese Methode, um Lügen und Falschmeldungen zu verbreiten und durch diese seine Pläne voranzutreiben. Wenn eine Falschinformation im kollektiven Feld genügend verfestigt ist, lassen sich auf ihrer Grundlage sogar extreme Maßnahmen wie Zwänge gegen eine gesamte Bevölkerung, kollektive Diffamierungen oder auch Kriege inszenieren, ohne dass es großen Widerstand gibt. Die meisten Menschen befürworten letztlich solche Maßnahmen, da sie der Meinung sind, sie seien notwendig. Bedauerlicherweise sind sie sich nicht darüber bewusst, dass sie erst durch diese Haltung dem Unlicht ihre Erlaubnis dazu gegeben haben, denn sie kennen die feinstofflichen Zusammenhänge nicht. Würde die Mehrheit der Menschen die vorgegebene Haltung oder Meinung ablehnen und statt dessen eigenständig denken, wäre das Unlicht nicht imstande, seine Pläne umzusetzen.

Wie erwähnt, kennen die Wesen des Unlichts die Liebe nicht und besitzen auch keine lichtvolle, konstruktive Schöpferkraft, sondern nur die Willenskraft und die Kraft der Willensmanipulation. Darum sind nicht sie, sondern wir Menschen der Dreh- und Angelpunkt der Zukunft dieses Planeten. Unsere Stärke als Menschen liegt erstens darin, dass wir neben unserer Willenskraft auch die Liebeskraft und eine konstruktive Schöpferkraft besitzen, und diese Schöpferkraft können wir für die Verwirklichung dessen einsetzen, was *wir* wollen. Deshalb wird sich letzten Endes unser Wille gegen den Willen des Unlichts durchsetzen, weil wir ihn mit Liebe und mit Schöpferkraft untermauern können. Denn Liebe besitzt die höchste Schwingung von allem und ist stärker als alles andere im Universum.

Zweitens liegt unsere Stärke auch darin, dass wir unseren Willen und unser Bewusstsein gemeinsam in die gleiche Richtung ausrichten können. Wahre Gemeinsamkeit und Einigkeit kann nur auf der Grundlage von Respekt und Liebe entstehen, denn nur in der Liebe gibt es keine Dualität und keine Spaltung. Die Wesen des Unlichts haben keinen Respekt, auch nicht untereinander, und damit haben sie auch keinen Zugang zur Kraft der Einigkeit. Deshalb können sie gegen das Licht langfristig nicht gewinnen.

Auf der einen Seite braucht es also den bewussten Einsatz unserer Willenskraft, mit deren Hilfe wir uns für eine andere, bessere Zukunft der Erde entscheiden können. Auf der anderen Seite braucht es zusätzlich aber auch die Kraft unseres Herzens und die Kraft unserer Liebe. Auch sie sollten wir in diesen herausfordernden Zeiten bewusst stärken. Dies können wir ganz einfach dadurch tun, dass wir unserer Liebeskraft eine hohe Priorität einräumen.

Wir führen ja im Grunde unser ganzes Leben nach einer Prioritätenliste. Wenn uns etwas wirklich wichtig genug ist, können wir es einfach zuoberst auf unsere Liste setzen, dann wird es sich früher oder später auch manifestieren. Denjenigen Dingen, die am weitesten oben auf unserer Liste stehen, schenken wir am meisten Zeit und Energie. Falls wir bei einer Entscheidung mehrere Möglichkeiten zur Auswahl haben, werden wir uns immer für das entscheiden, das uns am wichtigsten ist.

Das heißt: Diejenigen Menschen, bei denen die Willenskraft schon stärker ausgeprägt ist, können jetzt die Entfaltung der Herzenskraft zuoberst auf ihre Liste setzen. Und diejenigen, bei denen die Herzenskraft schon mehr entfaltet ist, können die Stärkung der Willenskraft zuoberst auf ihre Liste setzen. Am Ende werden wir beide Kräfte – die Willenskraft und Liebeskraft – zur Manifestation all unserer Wünsche zur Verfügung haben.

Wem sollen wir glauben?

Manchmal werde ich gefragt, wie man erkennen kann, was von alledem, was in den Medien berichtet wird, der Wahrheit entspricht. Durch die Medien prasseln ja von allen Seiten ständig irgendwelche Informationen und Behauptungen auf uns ein. Wem also sollen wir glauben?

Aus meiner Sicht hängt es von unserem eigenen Bewusstsein ab, was wir als wahr oder als nicht wahr erkennen. Natürlich gibt es eine objektive, absolute Wahrheit, die alle und alles umfasst. Aber mit unserem individuellen Bewusstsein können wir lediglich einen Ausschnitt dieser absoluten Wahrheit erkennen. Je nach seinem Bewusstseinsstand hat also jeder von uns seine eigene, subjektive Wahrheit. Diese verschiedenen subjektiven Wahrheiten sind genau genommen jedoch bloß verschiedene Perspektiven auf dieselbe umfassende Wahrheit. Deshalb sollten wir mit anderen nicht darüber streiten, wer recht hat und wer nicht. Wir sollten auch niemandem einfach blind glauben, sondern immer mit unserem Herzen, mit unserer Intuition überprüfen, ob das, was jemand uns sagt, sich für uns stimmig anfühlt oder nicht.

Was uns betrifft, so kann sich unsere subjektive Wahrheit glücklicherweise verändern. Immer dann, wenn sich unsere Bewusstseinsfrequenz ändert, wenn unsere individuelle Schwingung höher oder niedriger wird, ändert sich dadurch auch unsere Perspektive, wie wir die Welt wahrnehmen, und damit unsere persönliche Wahrheit.

Manche Anführer unseres Gesellschaftssystems wollen uns bewusst in die Irre führen, indem sie uns Lügen erzählen oder indem sie gewisse Tatsachen verschweigen oder verdrehen. Andere haben gar nicht solche bösen Absichten, sondern wissen es einfach nicht besser. Auch hier sollten wir lernen zu unterscheiden und zu verzeihen.

Wir brauchen niemandem Glauben zu schenken, nur weil er eine bestimmte Position innehat. Vertrauen wir stattdessen besser unserer eigenen Unterscheidungskraft, der Stimme unseres Herzens und den wohlwollenden Empfehlungen unserer geistigen Helfer und unseres Höheren Selbst. Denn sie werden uns niemals belügen.

Worin findest du deinen Halt?

Obwohl erfreulicherweise überall auf der Welt schon viele Menschen dabei sind aufzuwachen, gibt es gegenwärtig immer noch eine Mehrheit von Menschen, denen es noch schwer fällt, ihr Bewusstsein zu öffnen und aus ihrem Schlaf des Vergessens zu erwachen. Was hindert sie daran?

Ein zentraler Punkt hierbei ist die Frage, worin ein Mensch in einer unruhigen Zeit wie der heutigen seinen Halt findet. Wir können unseren Halt entweder auf der grobstofflich-physischen Ebene suchen, wie etwa beim Geld auf unserem Bankkonto, bei unserer Arbeitsstelle, bei unserer gesellschaftlichen Position und so weiter. Oder wir können den Halt auf der feinstofflichen Ebene suchen, bei unseren angelernten oder von anderen übernommen Glaubenssätzen, Vorstellungen und Überzeugungen. Oder aber wir können unseren Halt in uns selbst, in unserem eigenen Inneren, bei unserer eigenen Seele finden. Wenn unser Halt in uns selbst liegt, bei dem, was wir wirklich sind, fällt es uns leichter, mit den äußeren Herausforderungen und Veränderungen umzugehen. Sobald unser Halt nicht von der physischen Ebene abhängig ist, brauchen uns die Veränderungen auf der physischen Ebene auch nicht zu beunruhigen.

Viele Menschen können im Moment noch nicht aufwachen, weil ihr Halt noch zu sehr auf der physischen Ebene, in einem dreidimensionalen Weltbild liegt. Wir alle brauchen irgendwo einen Halt, aber wenn wir unseren Halt fast ausschließlich an Materiellem festmachen, erscheint uns jede Veränderung im Äußeren als Bedrohung. Zudem erscheint uns auch jede Veränderung des Weltbildes als Bedrohung, da wir befürchten, durch eine solche Veränderung des Denkens unseren Halt im Leben zu verlieren. Aus diesen Gründen fällt es vielen Menschen im Moment noch schwer, ihr Weltbild zu ändern und ihren Horizont zu erweitern. Sie haben Angst vor diesen Veränderungen, und ihr Nichtaufwachenwollen ist für sie eine Art unbewusster «Selbstschutz» – wobei sie genau genommen damit nicht sich selbst schützen, sondern lediglich ihre Muster und Prägungen.

Ein wichtiger Schritt im Prozess des Aufwachens besteht daher darin, dass wir unser Weltbild und unser Verständnis von uns selbst erweitern und erkennen, dass wir nicht-physische Wesen sind und dass physische Veränderungen zwar unangenehm sein können, uns in unserem innersten Kern aber nicht bedrohen und unser Gehaltensein im Göttlichen nicht beeinträchtigen können. Sobald wir dies erkennen, verlieren wir unsere Ängste und können uns dem Neuen und Schönen öffnen, das uns erwartet.

Über den Umgang mit Angst, Traumas und dergleichen

Frage: Du betonst immer wieder, wie wichtig es ist, dass wir als Menschheit aus dem Bewusstsein der Angst herauskommen. Doch gerade in der gegenwärtigen Weltsituation herrscht überall um uns herum sehr viel kollektive Angst. Was können wir tun, um uns von dieser Angst nicht herunterziehen zu lassen?

Antwort: Manche Menschen sind aufgrund ihres derzeitigen Bewusstseinsstandes noch nicht in der Lage, sofort aus ihrer Angst herauszukommen. Deshalb liegt die Verantwortung bei uns, den Lichtarbeitern, in diesen schwierigen Zeiten stabil zu bleiben und uns trotz der äußeren Umstände nicht in die Angst fallen zu lassen. Denn wir sind von unserem Bewusstsein her fähig dazu, auch wenn es auch bei uns vielleicht etwas Zeit brauchen wird.

Angst bewirkt, dass wir nicht mehr klar denken können und dass wir den Zugang zu unserer Intuition, zu unserer inneren Führung und zu unserem Höheren Selbst nicht mehr bewusst spüren. Dadurch machen wir es unlichten Wesen leicht, uns zu manipulieren und zu unterdrücken. Falls wir dennoch einmal unwillentlich in die Angst fallen, sollten wir zusehen, dass wir möglichst rasch wieder herausfinden.

Häufig haben die Menschen auch Angst vor irgendetwas, das in der Zukunft möglicherweise geschehen könnte. Wenn wir uns dabei erwischen, dass wir Angst vor der Zukunft haben, sollten wir unser Bewusstsein ebenfalls so rasch wie möglich wieder zurück auf die Gegenwart ausrichten. Grundsätzlich ist nichts Falsches daran, sich Gedanken über die Zukunft zu machen, doch wenn diese Gedanken einen negativen Einfluss auf uns haben, sollten wir sie besser zurückziehen.

Frage: Welche konkreten Methoden kannst du empfehlen, um uns von der Angst fernzuhalten oder wieder aus der Angst herauszufinden?

Antwort: Eine Möglichkeit ist, dass wir uns bewusst Zeit für uns selbst nehmen – Zeit, in der wir uns nicht mit anderen Menschen umgeben oder zumindest nur mit Menschen, die uns wirklich gut tun. Denn wenn wir ständig von ängstlichen Menschen umgeben sind, besteht die Gefahr, dass deren Angst sich feinstofflich auf uns überträgt.

Eine andere Methode, um aus der Angst herauszukommen, ist dass wir unser Bewusstsein auf unseren Lichtkörper konzentrieren – auf das, was wir in Wahrheit sind. Denn in unserem Lichtkörper, in unserem Höheren Selbst, gibt es keine Angst, und wenn wir unser Bewusstsein auf etwas ausrichten, wo es keine Angst gibt, verringert sich dadurch automatisch unsere Angst.

Frage: Wie können wir am konstruktivsten mit den Traumas umgehen, die wir noch als belastende Muster mit uns rumschleppen?

Antwort: Traumas und Schocks gehören zu den verschiedenen Schichten, die unser Bewusstsein bedecken, genauso wie auch unsere Glaubenssätze, Denkmuster und anderen mentalen Programme. Alle diese Schichten verhindern, dass wir uns in unserem Tagesbewusstsein mit unserer Seele verbunden fühlen. Trotzdem ist jeder Mensch immer mit seiner Seele, mit seinem Höheren Selbst verbunden, auch wenn er es nicht spürt oder nicht daran glaubt. Die Lösung für alle unsere Probleme besteht darin, dass wir die Verbindung zu unserer Seele in unserem Tagesbewusstsein wieder wahrzunehmen lernen. Dann können wir beginnen, sämtliche belastenden Muster bewusst umzuwandeln und unsere Traumas loszulassen.

Frage: Ein in den letzten Jahren viel diskutiertes Thema ist die Frage nach den Impfungen. Was ist deine Haltung dazu?

Antwort: Meiner Meinung nach bezwecken die weltweiten Massenimpfungen unter anderem, die Menschen von ihrer Intuitionskraft und von ihrer Seele abzutrennen. Diese Substanzen können auch eine Veränderung der DNA bewirken. Es wäre übrigens nicht das erste Mal in der Geschichte der Menschheit, dass solche Veränderungen vorgenommen wurden; es geschah beispielsweise auch schon damals in Atlantis.

Die Substanzen, die den Menschen injiziert werden, haben eine unterschiedlich schädliche Wirkung, denn nicht alle Impfchargen enthalten dieselben Substanzen. Alles in allem ist es ein großangelegter Feldversuch. Aus meiner Sicht sollte man daher, wenn irgend möglich, Impfungen vermeiden. Aber es ist gut zu wissen, dass wir, wann immer wir mit schwierigen Situationen konfrontiert sind, auch unseren Schutzengel und unser geistiges Team um ihre Hilfe bitten können. Denn es ist immer möglich, dass Wunder geschehen dürfen.

Wenn es uns gelingt, uns von der allgemeinen Angstmache und Angststimmung fernzuhalten, wird dies zum einen uns selbst gut tun, und zum anderen wird es sich auch positiv auf das kollektive Bewusstseinsfeld und damit auf alle anderen Menschen auswirken. Je weniger Angst wir selber haben, desto besser können wir das Licht auf dem Planeten halten. Und je mehr Menschen frei von Angst sind und das Licht auf dem Planeten halten, desto einfacher wird es danach für andere sein, ebenfalls aus ihrer Angst herauszukommen – sofern sie dies wollen.

Christusbewusstsein

Frage: Was verstehst du unter «Christusbewusstsein»? Ist es ein Bewusstseinszustand, auf den wir uns als Menschheit erst zubewegen, oder ist er schon hier?

Antwort: Für mich bedeutet Christusbewusstsein das Bewusstsein der reinen und bedingungslosen Liebe. Diese Liebe ist immer und überall gegenwärtig. Das gilt, selbst wenn es sich unglaubwürdig anhören mag, auch für die momentane Zeitphase hier auf der Erde: Das Christusbewusstsein ist hier. Die Frage ist bloß, ob wir mit unserem eigenen Tagesbewusstsein schon einen Zugang dazu haben oder noch nicht. Erst wenn wir diesen bewussten Zugang haben, können wir das Bewusstsein der reinen Liebe fühlen, und erst wenn wir es fühlen, können wir auch danach handeln und danach leben.

Liebe ist immer bedingungslos. Wenn man seine Liebe an bestimmte Vorstellungen oder Bedingungen knüpft, ist es keine reine Liebe, sondern eine Pseudo-Liebe. Die reine Liebe ist immer da und steht uns immer zur Verfügung, und je mehr wir uns mit unserem eigenen Herzen verbinden und beginnen, aus dem Herzen zu leben, desto stärker können wir die Liebe hier auf der Erde verankern.

Frage: Welche Bedeutung hat in diesem Zusammenhang Jesus Christus?

Antwort: Für mich war Jesus jemand, der das Christusbewusstsein, das Bewusstsein der bedingungslosen Liebe, verkörpert und hierher auf die Erde gebracht hat. Wir alle haben die Möglichkeit, seinem Beispiel zu folgen und diese Liebe hier auf der Erde zu verankern, denn das Potenzial, bedingungslose Liebe zu verkörpern, ist bei jedem von uns in der DNA gespeichert. Aber viele Menschen haben dies aufgrund der zahlreichen Schichten und Bedeckungen, die sich im Laufe der Zeit über ihr Bewusstsein gelegt haben, vergessen. Sie haben den Zugang zur bedingungslose Liebe verloren, sie fühlen sie in ihrem Alltagsbewusstsein nicht mehr und können sie daher auch nicht leben. Das bedeutet jedoch nicht, dass sie in ihrem innersten Kern nicht aus reiner Liebe bestehen. Wir alle sind von unserem Wesen her reine Liebe. Das ist es, was wir von hochschwingenden Seelen wie Jesus lernen können.

Frage: In zahllosen Büchern aus beinahe zweitausend Jahren finden wir die unterschiedlichsten Beschreibungen über Jesu Leben und die unterschiedlichsten Interpretationen seiner Bedeutung. Welche davon kommen deiner Ansicht nach der Wahrheit am nächsten?

Antwort: Ich habe keines dieser Bücher je gelesen und weiß somit nicht, was im Einzelnen in ihnen geschrieben steht. Was ich aber weiß, ist dass die offizielle Geschichte über Jesus, wie sie in der Bibel steht, sich nicht genau so zugetragen hat. Die Bibel wurde etliche Male umgeschrieben, und es wurden bewusst Dinge weggelassen oder verdreht.

Frage: Trifft dasselbe auch für andere wichtige religiöse Führer oder spirituelle Persönlichkeiten der Menschheitsgeschichte zu?

Antwort: Das kann ich nicht sagen, denn damit kenne ich mich zu wenig aus. Mit Sicherheit gab es im Verlauf der Menschheitsgeschichte immer wieder Persönlichkeiten, die auf die Erde gekommen sind, um die Menschen an das Licht und an die Liebe zu erinnern. Über viele dieser Persönlichkeiten wissen wir heute vielleicht gar nichts mehr, aber sie waren da.

Frage: Wie können wir bei den bekannten religiösen Führern der Vergangenheit oder auch der Gegenwart unterscheiden, ob sie wirklich echte Lichtwesen sind oder nicht?

Antwort: Am besten über unser inneres Herzgefühl. Allein mit dem Verstand – indem wir analysieren, was jemand öffentlich sagt oder tut – ist es schwierig zu erkennen, ob es sich um einen lichtvollen Menschen handelt oder nicht. Es gibt ja auch Leute, denen man beim Zuhören geneigt ist, Glauben zu schenken, die aber gar nicht die Wahrheit sagen, oder solche, die zwar wahre Worte sprechen, durch die aber trotzdem unlichte Kräfte wirken. In allen Bereichen unserer Gesellschaft finden wir Täuschung, Schauspielerei und Manipulationen, auch bei den Religionen und in der spirituellen Szene. Ganz allgemein ist es in dieser Hinsicht natürlich am besten, wenn man hellsichtig ist. Dann kann man einen Menschen einfach anschauen und an seinem energetischen Wesen sofort erkennen, ob er ein lichtvoller, beseelter Mensch ist oder ein unlichtes Wesen.

Die richtige Entscheidung treffen

Frage: Wie können wir in zweifelhaften Fällen sicherstellen, dass wir uns für das Richtige entscheiden?

Antwort: Um für uns richtige und stimmige Entscheidungen zu treffen, ist es zunächst wichtig, dass wir uns nicht ständig in den Energiefeldern von anderen Menschen aufhalten, sondern uns auch Zeit ganz für uns alleine nehmen. Das Energiefeld eines Menschen hat immer eine Wirkung auf sein Umfeld. Je stärker die Überzeugungen eines Menschen sind, desto stärker werden diese Energien von seinem Feld ausgesendet und desto größer ist die Gefahr, dass unser Bewusstsein von diesen fremden Überzeugungen überlagert wird. Vielleicht merken wir es gar nicht, sondern stellen einfach nur fest, dass wir verwirrt werden und keine Klarheit mehr im Kopf haben. Dahinter muss nicht unbedingt eine böse Absicht seitens des anderen Menschen stehen. Aber unser Austausch funktioniert nun mal so: Wir alle senden fortwährend unsere Energien aus, und diese Energien haben eine Wirkung auf alles, was uns umgibt.

Deshalb ist es gut, bewusst Zeit allein in seinem eigenen Energiefeld zu verbringen – vor allem dann, wenn es darum geht, dass wir in einer bestimmten Situation eine für uns richtige Entscheidung finden wollen. In hektischen und verrückten Zeiten wie dieser sollten wir für uns bei uns zu Hause regelmäßig Lichtoasen schaffen, wo wir auftanken und einfach mit uns selbst glücklich sein können.

Ein anderer Faktor ist dieser: Wenn wir eine Entscheidung treffen müssen und uns unsicher sind, welches die richtige ist, sollten wir darauf achten, dass wir uns dabei nicht selber unter Druck setzen. Denn unter Druck können wir unser Herz und unsere innere Führung nicht mehr wahrnehmen. Besser ist es, wenn wir uns möglichst entspannen und uns dann in aller Ruhe die verschiedenen Optionen eine nach der anderen gedanklich vorstellen. Eine der Entscheidungsmöglichkeiten wird sich am besten anfühlen, und diese sollten wir dann auch wählen – selbst wenn es nur ein Gefühl ist und der Verstand es nicht versteht.

In diesem Zusammenhang ist es außerdem auch wichtig, dass wir uns stets darüber bewusst sind, dass jeder einzelne von uns einen Grund hatte, sich in dieser Zeitphase hierher auf die Erde zu inkarnieren. Vielleicht haben wir diesen Grund jetzt, wo wir hier sind, vorübergehend vergessen, aber dennoch sollten wir uns immer darüber bewusst sein, dass unser Leben einen höheren Sinn hat, dass wir alle einen individuellen Lebensplan haben und dass wir gewisse Dinge in unserem Leben bereits vorgeplant und mit unseren geistigen Begleitern abgesprochen haben. Wenn wir uns also in einer bestimmten Lebenssituation wiederfinden, die für uns gerade etwas kompliziert oder verwirrend ist, ist es hilfreich, sich zu erinnern: Egal, was im Moment gerade los ist in meinem Leben – am Ende wird sich alles fügen, am Ende wird alles richtig sein, so wie der höhere Plan es vorsieht. Um dieses Grundvertrauen in die göttliche Führung zu haben, ist es nicht nötig, dass wir den höheren Plan immer genau kennen oder dass wir mit unserem derzeitigen Bewusstsein immer alles verstehen, was wir gerade erleben.

Frage: Kann es auch sein, dass in unserem Leben Dinge geschehen, die so nicht eingeplant waren?

Antwort: Ja, das kann vorkommen. Dann wird unser geistiges Team eben improvisieren und eine neue Route suchen, wie wir letztlich zu unserem vorgesehenen Ziel gelangen können. Egal, was passiert – wir dürfen immer darauf vertrauen, dass sich am Ende alles richtig fügen wird und dass am Ende alles gut sein wird. Selbst wenn wir keine Ahnung haben, wie.

Was ich gesehen habe

Vor meiner jetzigen Inkarnation habe ich so etwas wie eine Zukunftsvision gehabt. Ich habe gesehen, dass es auf der Erde eine Zeitphase geben wird, in der die Menschen unter riesigem Druck stehen werden. Aber ich sah auch überall auf der Erde viele kleine Lichtpünktchen, das heißt einzelne Menschen, die aufgewacht sind und die das Licht hielten. Es waren nicht alle Menschen aufgewacht, sondern nur ein Teil der Menschheit, aber dieser Teil hat letztlich den Unterschied ausgemacht. Denn die Lichtpunkte haben sich nach und nach miteinander verbunden, und irgendwann gab es eine Art «Lichtdurchbruch» durch die Matrix des Unlichts, wodurch die Matrix zerfiel. Damit war mir klar, dass am Ende dieser Zeitphase alles gut sein würde.

Für diesen globalen Lichtdurchbruch war es nicht erforderlich, dass eine Mehrheit der Menschen aufgewacht war und leuchtete, geschweige denn alle Menschen; ein kleiner Teil der Menschheit hat ausgereicht, um das zu schaffen. Wir sollten uns daher nicht entmutigen lassen, wenn wir sehen, dass die meisten Menschen immer noch schlafen, denn beim kollektiven Erwachen geht es nicht um eine zahlenmäßige Mehrheit, sondern um eine energetische. Das Licht ist so stark, dass ein einziger wacher und bewusster Mensch mit seiner hohen Schwingung die tieferen Schwingungen von ganz vielen schlafenden Menschen ausgleichen kann – je nach Bewusstseinslevel vielleicht von Tausenden oder von noch mehr.

Nach dieser Vision war ich ganz berührt und habe mich so geehrt gefühlt, dass ich hierher auf die Erde kommen und bei diesem Lichtdurchbruch mithelfen darf. Aus kosmischer Sicht ist es nämlich etwas ganz Besonderes, was die Erdenmenschheit hier gerade tut. Im Universum ist ja alles mit allem verbunden, und was auf der Erde geschieht, geht über kosmische Energiebahnen hinaus ins Universum. Viele außerirdische Lichtwesen blicken derzeit gespannt auf die Erde, denn wenn die Menschen es schaffen, aus dieser langen Gefangenschaft des Unlichts herauszukommen, hat dies weit über die Erde hinaus eine große Bedeutung auch für andere Teile unseres Sonnensystems und dieser Galaxie. Deshalb ist es so wichtig, dass wir alle Leuchttürme sind und hier inmitten der Dunkelheit unbeirrt das Licht halten.

Das ist es, was ich gesehen habe vor meiner jetzigen Inkarnation.

Über die Autorin

Christina von Dreien (geb. am 15. April 2001 im schweizerischen St. Gallen als Christina Meier) wurde mit einem stark erweiterten Bewusstsein und einer Vielzahl von paranormalen Begabungen geboren. Sie gehört damit zu einer neuen Generation junger Menschen, die eine vollständig neue Dimension des menschlichen Daseins erahnen lassen. Diese Wegweiser und Impulsgeber sind gekommen, um uns mitzuteilen, welchen inneren Wert und welche Größe wir Menschen eigentlich haben und wie viel positives Potenzial in jedem Einzelnen von uns schlummert. Sie zeigen uns, wie wir mit der Kraft unseres Bewusstseins und mit der Kraft der bedingungslosen Liebe unser individuelles und kollektives Leben heilsam und konstruktiv neugestalten können.

In den Jahren 2017 und 2018 erschienen die beiden Bände «Zwillinge als Licht geboren» und «Die Vision des Guten» – verfasst von ihrer Mutter Bernadette von Dreien –, die den Anfang von Christinas Geschichte erzählten: die außergewöhnlichen Umstände ihrer Geburt, ihre Kindheit und Jugend sowie den Beginn ihres Wirkens in der Öffentlichkeit.

Mit «Der Ungehorsam der Liebe» liegt nach «Bewusstsein schafft Frieden» (2019) und «Am Ende ist alles gut» (2020) das dritte eigene Buch von Christina vor – zusammengestellt aus eigens für dieses Buch geschriebenen Artikeln sowie aus Online-Seminaren und Interviews, allesamt aus der Zeit zwischen November 2021 und März 2022.

Offizielle Website von Christina:

christinavondreien.ch

Ein kleines Buch, das großen Mut macht

Christina von Dreien

AM ENDE IST ALLES GUT
Wie wir uns die heile Welt selbst erschaffen.

Das Buch:

85 Seiten, Taschenbuch
ISBN 978-3-905831-76-4
€ 11,50 / Fr. 13.50

Das Hörbuch:

Vollständige, ungekürzte Hörbuchfassung
Lesung: Nicola Good
Umfang: 1 CD (MP3-Format) mit Booklet,
in edlem DigiPac aus Karton
Spieldauer: 3 ¼ Stunden
ISBN 978-3-905831-80-1
€ 9,90 / Fr. 12.50

Christina von Dreien zu den aktuellen Themen dieser Zeit: Wie wir der Corona-Verwirrung und der Angstmache konstruktiv mit positivem Denken und Handeln begegnen können.

Wir leben in einer seltsamen, verrückten «Corona»-Zeit, die beherrscht wird von weltweiten Krisen, von Angst und Verunsicherung, von Maßnahmen und Protesten, von Feindbilddenken und gegenseitigen Schuldzuweisungen. Inmitten dieser verwirrenden Zeit erhebt eine junge Frau ihre Stimme und spricht Klartext: Christina von Dreien, Vertreterin einer neuen Generation von Wegweisern und positiven Impulsgebern. Ihre beeindruckende Sichtweise eröffnet einen neuen, umfassenderen Blick auf die aktuelle Weltlage und auf die bevorstehenden Jahre. Außerhalb der gängigen Klischees von Querdenkern und Spiritualisten gelingt es ihr, mit einer ebenso einfachen wie genialen Botschaft die Herzen der Menschen zu erreichen und zu berühren.

Dieses Buch lädt uns dazu ein, unseren Wahrnehmungshorizont zu weiten und die Verantwortung für das Weltgeschehen von der politischen auf die persönliche Ebene zu heben. Dies kann jeder einzelne Mensch konkret dazu beitragen, dass unser destruktives und marodes System sich letzten Endes zum Guten wandelt: • In allem das Positive sehen und fördern • Uns öffnen für neue Erkenntnisse • Keine Angst haben – egal was passiert • Darauf vertrauen, dass am Ende alles gut sein wird • Unsere geistigen Helfer um Unterstützung bitten • Zufriedenheit, Dankbarkeit und Verzeihen pflegen.

Christinas Aufforderungen geben uns Kraft und schenken uns die Zuversicht: Wir können und wir werden uns die schöne, heile Welt des globalen Friedens, nach der wir alle uns sehnen, selbst erschaffen – und zwar jetzt.

Sophia Pade / Armin Risi

MAKE THAT CHANGE

Michael Jackson: Botschaft und Schicksal eines spirituellen Revolutionärs

698 Seiten, gebunden, mit Lesebändchen und zahlreichen Illustrationen
ISBN 978-3-905831-46-7
€ 24,00 / Fr. 36.00

Dieses Buch ist mehr als nur eine weitere Michael-Jackson-Biografie. Es beschreibt eine der faszinierendsten, triumphalsten und tragischsten Lebensgeschichten der heutigen Zeit. Denn wer erkennt, was beim King of Pop geschah, durchschaut auch vieles andere ...

MICHAEL JACKSON (1958–2009) war nicht nur ein brillanter und innovativer Sänger, Komponist, Tänzer und Choreograf, sondern auch ein Friedensbotschafter und ein spiritueller Revolutionär. «Make that change», der berühmte Aufruf aus dem Song *Man in the Mirror*, war sein erklärtes Ziel. Mit seinem weltweiten Einfluss wollte er konkrete Veränderungen bewirken – nicht durch Bekämpfung der Dunkelheit, sondern durch die Stärkung des Lichts: Liebe, Heilung, Wohltätigkeit, Schutz der Kinder. Und gerade dort setzten die falschen Anschuldigungen und der Rufmord an. Der Megastar war für gewisse Kreise zu einer spürbaren Bedrohung geworden. Es ging um Geld und Macht und mehr noch um eine *spirituelle Dimension*: die Botschaft des Lichts, die immer wieder bekämpft und ins Gegenteil verdreht wird, insbesondere durch Angriffe auf den Botschafter ...

«MAKE THAT CHANGE» beruht auf einer langjährigen intensiven Recherche über die verborgenen Aspekte von Michael Jacksons Schicksal. Was im Leben des King of Pop geschah, ist ein entlarvender Spiegel unserer Zeit, ebenso wie die Umstände, die zu seinem Tod führten (offiziell durch «fahrlässige Tötung»). Vor dieser dunklen Kulisse wird das Licht umso sichtbarer – als Zeugnis einer friedvollen Revolution des Herzens, die heute notwendiger ist denn je.

- Das Leben des Megastars, seine globale Bedeutung – und die Mächte, die ihn bekämpften
- Seine Krankheiten, seine Schmerzen, seine Operationen (von denen die meisten medizinisch bedingt und notwendig waren)
- Warum es zu den Anschuldigungen kam (warum gerade «Kindesmissbrauch»?)
- Wie die Massenmedien der Verleumdung dien(t)en
- Die Hintergründe und Abgründe der Entertainment-Industrie
- Michael Jacksons Pläne für ein eigenes, lichtvolleres Medienimperium
- Der lange und heimtückische Kampf um seine Kapitalanlagen
- Wie es zu seinem erzwungenen(!) Comeback kam – mit tödlichem Ausgang
- Wie es nach seinem Tod weiterging: das dubiose und fehlerhafte Testament, die zwei großen Prozesse, die neuen Anschuldigungen, der «Ausverkauf»
- Der Schlüssel zur Heilung des Planeten («Heal the World»)

Das Ermitteln der Lebensaufgaben

Daniela Maiwald / Ronald Zürrer

NIMM DEIN LEBEN IN DIE EIGENE HAND!

Wie wir unseres Glückes Schmied sein können.

Mit einem Vorwort von Armin Risi
ISBN 978-3-905831-42-9
261 Seiten, gebunden, Leseband
€ 34,00 / Fr. 39.90

Die dreibändige Buchreihe über das weltweit einzigartige System der Psychologischen Handanalyse.

In Band 1 werden unter anderem folgende Themen erörtert: • Eine kurze Geschichte der Handlesekunst • Der Unterschied zwischen Chirologie, Chiromantie und Chirosophie • Das Welt- und Menschenbild der Psychologischen Handanalyse • Das Konzept «Schulungsplanet Erde» • Handanalyse bei Kindern und Jugendlichen • Grundzüge einer spirituellen Psychologie • Der Aufbau des feinstofflichen Körpers • Einführung in das Konzept von Karma («Schicksal») • Einführung in das Konzept von Dharma («Lebensaufgabe») • Das bewusste Schmieden unseres Lebensglücks.

Website zum Thema:
psychologische-handanalyse.ch

Daniela Maiwald / Ronald Zürrer

FOLGE DEINER BESTIMMUNG!

Wie wir unsere Lebensaufgaben erkennen und erfüllen können.

Mit einem Vorwort von Richard Unger
ISBN 978-3-905831-43-6
661 Seiten, gebunden, Leseband
€ 58,00 / Fr. 69.90

Die dreibändige Buchreihe über das weltweit einzigartige System der Psychologischen Handanalyse.

In Band 2 werden unter anderem folgende Themen erörtert: • Wie wir aus den Fingerabdrücken unser psychologisches Grundmuster und unseren persönlichen Lebenszweck ermitteln können • Wie und warum das System zur Decodierung der Fingerabdrücke funktioniert • Die «Vier Lebensschulen» und ihre Kardinaltugenden: Demut, Liebe, Weisheit, innerer Frieden • Die dreizehn Themenbereiche, in denen sich unsere Bestimmung und unsere Herausforderungen offenbaren • Konstruktiver Umgang mit unterschwelligen Ängsten und anderen Basisemotionen.

(Hinweis: Band 3 «LEBE DEINE TALENTE! – Wie wir unsere Potenziale entdecken und entfalten können» ist in Vorbereitung.)

Das Erhöhen der individuellen Frequenz

Ronald Zürrer

SCHÖNHEIT DES INNEREN

170 kleine Lebensvorsätze
(Taschenbuch und Kartenset)

65 Seiten, Taschenbuch
ISBN 978-3-905831-39-9
€ 8,00 / Fr. 12.00

170 Kärtchen in handlicher Papp-Box
ISBN 978-3-905831-40-5
€ 20,00 / Fr. 30.00

Der Philosoph und Dichter Ronald Zürrer legt ein kleines, feines Büchlein über die Schönheit und Heilkraft von Tugenden vor – ergänzt durch ein Kartenset mit 170 Tugendkarten. Für alle, denen es mit der Veredelung ihres Charakters tatsächlich ernst ist.

Dieses Buch richtet sich an Menschen, deren Wunsch es ist, Zeit und Aufmerksamkeit auf das Entfalten von Tugenden zu richten – also von erhebenden Charaktereigenschaften, die beitragen zur Schönheit des Inneren.

Hierfür hat der Autor einige der bedeutsamsten und glückverheißendsten Früchte vom Baum der Tugenden gepflückt und sie in Form von kleinen Lebensvorsätzen aus seiner persönlichen Sicht erläutert. So werden in diesem Aufschlagewerk beispielsweise die folgenden Tugenden und ethischen Werte beleuchtet:

Achtsamkeit | Ausgeglichenheit | Authentizität | Begeisterungsfähigkeit | Dankbarkeit | Demut | Eigenverantwortung | Einfachheit | Einzigartigkeit | Entschlossenheit | Erwartungslosigkeit | Frieden | Fürsorge | Gastfreundlichkeit | Geduld | Gelassenheit | Gerechtigkeit | Gewaltlosigkeit | Glaube | Hilfsbereitschaft | Hingabe | Hoffnung | Humor | Individualität | Klarheit | Kreativität | Kritikfähigkeit | Lernfähigkeit | Liebe | Maßhaltung | Mitgefühl | Mut | Naturverbundenheit | Phantasie | Schweigsamkeit | Tiefgründigkeit | Treue | Unbekümmertheit | Unterscheidungskraft | Urvertrauen | Verantwortungsbewusstsein | Vergebung | Weisheit | Zuversicht.

Mit Hilfe des ebenfalls erhältlichen Tugendkarten-Sets kannst du – wie bei den sogenannten «Engelkarten» – in einer bestimmten Lebenssituation eine Tugendkarte ziehen, um zu erfahren, welcher Engel in diesem Moment zu dir kommen und dir bei deinen aktuellen Fragen oder Entscheidungen beistehen möchte.

Oder du kannst regelmäßig eine Karte ziehen und dann die entsprechende Tugend zu deiner persönlichen «Tagestugend» oder «Tugend der Woche» oder «Tugend des Monats» erklären. Lenke alsdann deine Achtsamkeit bewusst auf die Qualität dieser Tugend und beobachte ihr Wirken in deinem Alltag, etwa in deinem Austausch mit anderen Menschen oder mit dir selbst oder auch in der Erfüllung deiner beruflichen, sozialen und familiären Pflichten. Auf diese Weise wirst du die Erfahrung machen, dass sich diese Tugend allmählich in deinem Bewusstsein entfaltet und beginnt, dein Denken und Fühlen, dein Sprechen und Handeln zu durchdringen und zu bereichern. Lass dich überraschen, welch erfreuliche Auswirkungen dies auf dein Leben haben wird.

Tijn Touber

TIME BENDER

Der Mann der kam, um die Erde zu retten

Roman, 273 Seiten, Klappenbroschur
ins Deutsche übersetzt von Ronald Zürrer
ISBN 978-3-905831-85-6
€ 21,00 / Fr. 24.90

Ein faszinierender Roman über einen geheimnisvollen Zeitreisenden, der auf die Erde gekommen ist, um die Menschheit in ihrem anstehenden Transformationsprozess liebevoll zu unterstützen.

Gerade als die Situation auf dem Planeten Erde sich immer mehr zuspitzt und die Selbstvernichtung der Menschheit droht, taucht im Leben eines Amsterdamer Popmusikers ein mysteriöser Zeitreisender namens Time Bender auf. Er erteilt ihm wunderliche Aufgaben und bietet seine Unterstützung an, um die Erde aus den Klauen der Zerstörung zu retten.

Ohne zu ahnen, was ihm bevorsteht, wird der Musiker in ein Abenteuer galaktischen Ausmaßes hineingeworfen. Time Bender erzählt ihm, dass die Erde das wertvollste Juwel des Universums sei, weil sie die DNA-Codes nahezu aller kosmischen Lebensformen in sich berge. Deshalb nannten die Vorfahren sie auch «die lebendige Bibliothek», und viele erbitterte Schlachten wurden um die Vorherrschaft auf der Erde geschlagen. Die heutige Menschheit trägt nun eine große Verantwortung, denn sie befindet sich in einer Schlüsselposition, um die uralten Konflikte zwischen dem Licht und dem Unlicht ein für alle Mal zu lösen.

Da die Zeit knapp wird und viel auf dem Spiel steht, wird ein interdimensionaler Pakt von Freunden geschlossen, während das ganze Universum gespannt zuschaut: Wird die Menschheit rechtzeitig aufwachen und ihre wahre Bedeutung erkennen?

«Time Bender» ist ein rasant geschriebenes, Augen öffnendes Buch, das uns unsere verborgene Vergangenheit und unsere mögliche Zukunft offenbart – voll von Weisheit und verblüffenden Einsichten.

«Ich mag dieses Buch sehr. Es enthält vieles, das aus meiner Sicht so oder ähnlich sein könnte. Es erweitert den Horizont des Lesers – und spannend ist es auch.» (Christina von Dreien)